困っている教師《あなた》へ

編著
谷尻 治　細田俊史

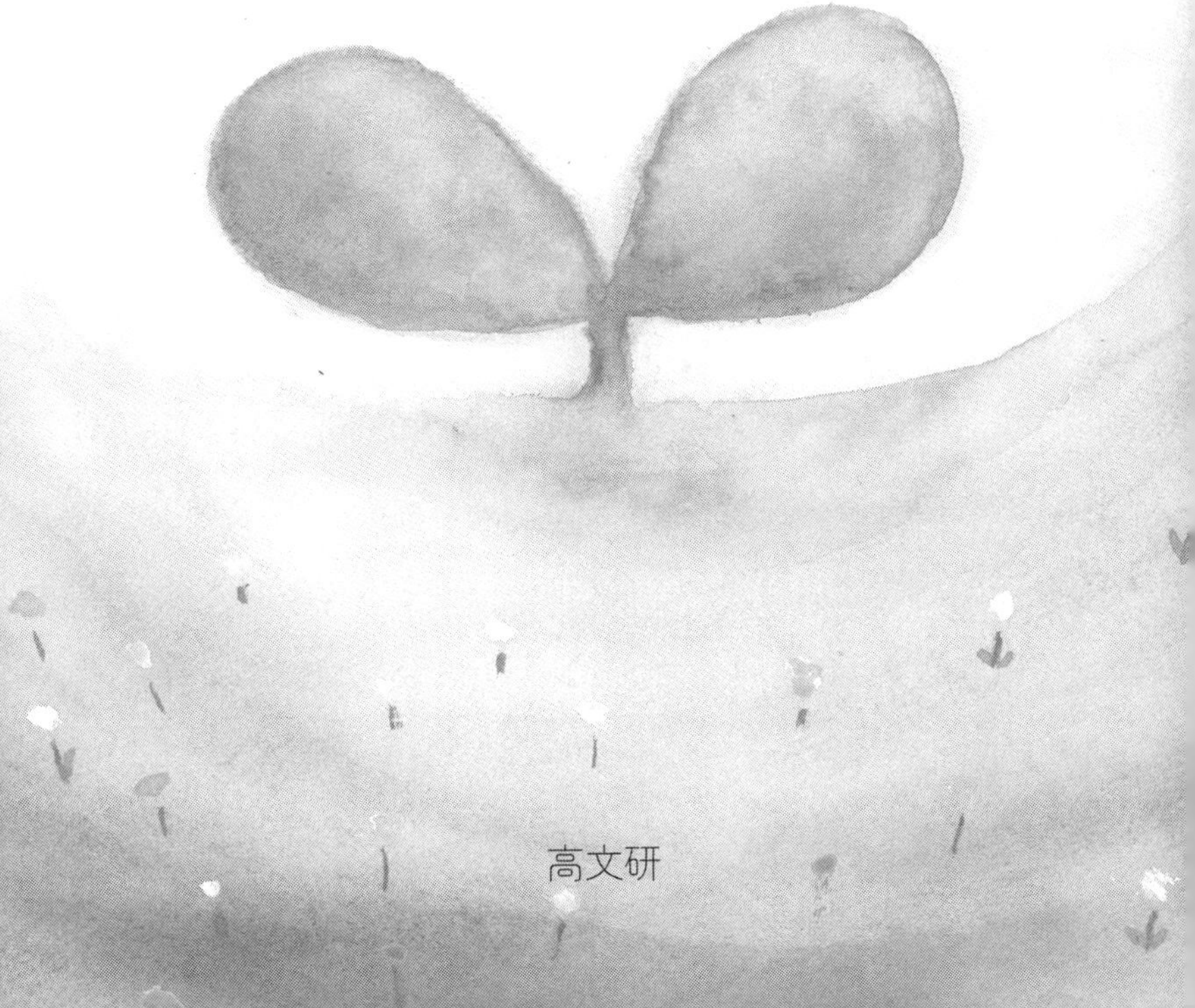

高文研

はじめに

この本を手に取ってくださってありがとうございます。

あなたは、子どもへの指導がうまくいかず、困っておられる教師でしょうか？　子どもへの指導が通らない、子どもたちが言うことをきかない、学級が落ち着かない、授業が騒がしくて進まない……。そんな日々を送っておられるのでしょうか。

それだけならまだしも、以前は励ましてくれていた同僚からも「もっと厳しくしないと！」等と叱責されるし、自分を観る眼も厳しく感じる……。職員室に戻るのが辛くなっていないでしょうか？また、保護者から「うちの子はこう言っていますが、どんな指導をされているのですか」「いじめを放置しておくのですか！」といった不満の声や不安の声も聞こえてくるかもしれません。時には理不尽としか思えないような辛辣な言葉を投げつけられることもあるでしょう。

今、日本の教師はかつてないほど、厳しい職場環境の中で日々働いています。

長時間労働もさることながら、とにかくやらなければならないことが多すぎて、どんなにうまくこなしても時間内に仕事が終わらないでしょうし、次々と押し寄せる○○教育といった新しい教育活動に振り回されている人も多いでしょう。コロナ禍で人との関わりが制限される期間が続き、子どもの健全な発達も危うくなっています。幼少時の交わり体験の不足からか低学年での暴言・暴力は驚くほど増加していますし、不登校・登校拒否への対応だけでも大変だと思います。学級崩壊状況も当たり前のように起きています。まさに日本の教師たちは心を磨り減らしながら、何とか耐えて日々を送っておられるのではないでしょうか。

私もかつて、極めて厳しい職場状況を何度も経験しました。

二〇代で勤めた京都の花街のど真ん中にある学校は、荒廃の極にありました。対教師暴力は日常茶飯事で、生徒からの暴力で一年間に重傷者が七名も出た年がありました。廊下は男性教師でさえ一人で歩くことが困難となり、もめ事に偶然出くわすと殴る蹴るの暴力を受ける……。「ダンプカーに轢かれて大けがしてしばらく入院できないかな」と真剣に考えたこともあります。おそらく、鬱状態に陥っていたのでしょう。明日の見えない苦しい毎日が続きました。学校の荒れている状態も悩みの種でしたが、一番の困りごとは担任しているJさんが私の指導にとても反抗的で、些細なことでたびたび暴力を振るってくることでした。おそらく、彼は私が憎くてそんな行為をしていたのではないでしょう。生い立ちに不遇なところが沢山あり、荒れざるを得ない状態だったのです。しかし、そんなJさんが三年生春のある事件をきっかけに、劇的に変わっていきます。彼がほんのわずかですが、教師への信頼のようなものを持ち始めたのです。卒業期には「谷尻は俺の命の恩人や!」と周囲の教師等にも繰り返し言うほどになっていったのです。

「自分を大切に思ってくれている人がいる。もう、この人を裏切りたくない」「自分にも、もしかすると可能性がある。頑張ってみようか」そんなことを感じると、人は変わり始めるのですね。

三〇代でも厳しい職場を再び経験しました。この学校は開校時から大変な状況で新聞にも大きくその様子が掲載されていた学校です。私が転勤したのは九〇年代半ばで、すぐに三年生を担任することになりました。学年三〇〇名程の大きな学校ですが、一部の男子生徒はすでに一年生次に家出を繰り返して学校から離反し、シンナー漬けの生活に陥っていました。学校に来て規則違反や暴言・暴力を繰り返すその他の男女生徒を含めると、十五名程が手に負えない状態でした。六月の修学旅行では服装違反をめぐって、高速道路のサービスエリアで教師と生徒の大乱闘となり、旅行が九〇分ストップ。再出発したものの、その後の行動は目に余るものがありました。以後、全教員が空き時間返上で校門・校内パトロールを続ける状態となりました。これが三年間続きました。

私にとって辛かったのは、もちろん指導がなかなか届かない一部の生徒の状況もありましたが、それ以上に、管理を強いる学校体制でした。荒れた状態を立て直すために、最も重視されたのが、校則指導の徹底だったのです。服装違反は許さない、違反服は着替えに帰らせる。色んな生活背景をもった子どもが多い地域でした。被虐待児や貧困生活の真只中にいた子らも多かったですし、親の愛情を十分に受けられずに毎日を生きている子らも多い。そんな子らがやっとの思いで学校へ来たのに、紺地のセーターに白い線が一本入っているだけで「それはダメだ。脱ぎなさい」というような指導を担任が先頭きってやらなければならない……。子どもとの人間関係を豊かに育てることより、規則の遵守を優先させる、この指導方針に多くの良心的な教師が心を病みました。病気休職者が相次ぎました。子どもの荒れ以上に教師を追い詰めるのは、こうした機械的な指導や子ども理解に基づかない一律の指導を求める学校体制、それらを教師に求める一部の権威的な教師の存在です。

人は孤立感を感じるときに、日々の生活に不安と不満が大きくなり心身の限界を越えてしまうときがあります。しかし、そんな困難を打開する道がないわけではありません。ここに取り上げた六つの記録には、そんな闘いの日々が綴られています。子どもが何に苦しんでいるのか、成長への課題は何かを考え、日々模索しながら子どもたちに向き合っていく姿が見えます。読者が希望を感じ、明日への意欲を少しでも持っていただけるなら幸いです。

二〇二四年二月

谷尻　治

目次

第2章

葛藤激しい思春期

第3章 困難な状況をどう打開するか　実践の視点

第 1 章

豊かな少年期をつくる

フィーバー＆パラダイス☆

永野　茜

１　打ち上げ花火

算数教材の数図ブロックが、色鉛筆が、パスが、細切れのダンボールが、教室を舞っている。

「打ち上げ花火だよ〜！」

嬉しそうな声がする。床に座ったナギが天井に向かって飛ばしているのだ。打ち上げられたものたちは、バラバラと音を立てて床に落ちていく。パスが床に付く。それを見て閃《ひらめ》くナギ。今度は床がキャンバスになる。ピンク、黄、赤、黒、青……みるみるうちに床が色付いていく。

「きれいにする！」

そう言ったかと思うと教室を飛び出した。床に付いた色を落とすために、雑巾を濡らしに行ったのだ。教室に戻ると一生懸命汚れをこすっている。色が薄くなる頃には水の感覚が楽しくなってきたようだ。雑巾を洗うという名目で手洗い場と教室を何往復もしている。打ち上げたものを片付けていたはずが、今はなぜか教室に水しぶきが舞っている。ようやく水たまりが消えたと思うと、もう一度雑巾で拭く――濡らして水遊びをする――ために、パスで新しい線を描き始める。

恐ろしいことに、これは、授業中の光景である。

2 四月

初めての異動でドキドキしながら迎えた初日。学校長から「一年生を担任していただきます」と告げられる。新たな出会いに不安と期待を抱きながらクラス分けの用紙を受け取ると、一覧の中に一際《ひときわ》目立つ児童がいた。ナギである。申し送りの量が他の子どもの数倍。「発達障害」という四文字が目に留まる。続いて、支援シートを渡された。これは、入学前に希望者のみ提出する書類だが、母の字でとても細やかに記入してあった。以下、申し送り事項の抜粋である。

鉄道に興味があり、鉄道マイスター検定に挑戦。野菜が苦手。偏食。水に濡れることが苦手。

裸を見られたくないため、人前で着替えができない。スキンシップが苦手で、頭を撫でられて怒ったことがある。座れない材質の椅子がある。遊びのルールの理解が弱い。手は出ない。

新学期。こちらが身構えていたのとは裏腹に、事前情報が信じられないほどナギは落ち着いて過ごしていた。自分の席に座っている。話し手を見て話を聞いている。手を挙げて発表もする。苦手なことや嫌なことも自分で伝えてくれた。

初めての体育の授業の日には、こんなやりとりがあった。

「僕、裸を見られるのが苦手だからみんなと一緒に着替えたくない」

「どうしようか。見えない場所だったら大丈夫？」

「うん」

「ここはどう？」

「いいかも！」

着替えは、心配事の一つとしてナギの母から聞いていたことだった。着替えに限らず、ナギが引っかかったことは本人と相談しながら、お互いに納得できる方法を探した。

「エプロン苦手なんだよね」

「ここ、持っておくからさ、頭入れてみない？」

「うん！」

「着られたね！　帽子も被っちゃう？」

二言三言やり取りすると、給食当番のエプロンを着て、帽子も被ることができた。

ナギの母は、入学式前に式場と教室の下見や担任との顔合わせを希望されたくらい、ナギの小学校生活に不安をもたれていた。しかし、ナギは入学して一週間、順調である。様子を伝えることで、母に少しでも安心してもらえたらいいなと思い、電話をした。座って話を聞いていること、体育の着替えのやりとり、エプロンを着たことなど、私が話すこと一つ一つに驚いておられた。

職員室では、「ナギ、大丈夫そうだね」と、みんなで話していた。

3　五月

ナギが床に荷物を広げたまま廊下を何往復もしている。教室ではすでに朝読書が始まっている。声をかけてもナギは止まらない。一時間目が始まり、偶然通りかかった低学年補助の佐藤先生（三〇代、六月から産休のため担任せず）に一緒に過ごしてもらった。一時間目が終わり、ナギと話をする。「レンが散らかしていたから注意したのに無視された」「ミナトが『喧嘩しよ』って言ってきたのが嫌だった」等、立て続けに怒りの理由を訴えてきた。佐藤先生や通りかかった先生方にも話を聞いてもらえたからか、落ち着いて話ができた。それでも教室には入りたくないと言う。一か八か言ってみた。

「教室にダンボールがあるんだけど、ナギが落ち着ける秘密基地、つくってみる？」

「うん！」

ナギは目を輝かせて教室に戻ってきた。

二時間目、子どもたちは国語の学習をしている。ナギは、教室後方でせっせとダンボールを飾り付けている。作業をしながらも国語の授業は聞いているようだった。

「のりが乾くのに時間がかかるから、こっち（授業）に来ていい？」

そう言うと、するっと授業に戻ってきた。何事もなかったように授業に参加している。授業が終わると、「落ち着かない時はここに入るね！」と、嬉しそうに宣言した。休み時間には、そのダンボールの秘密基地で友だちと遊んでいた。

なんとかなったように思えたが、この日を境にナギの落ち着かない日々が始まる。授業中にダンボール工作をしたり廊下に出たり。「今日は何もしない」と、言う日もあった。給食を食べないことも増えた。

教室を飛び出したことをナギから聞いた母は、心配になったようだ。

「できたらその日の出来事を知りたいです。良いことも、悪いことも……」

この頃から、毎日のように母と電話で話をするようになった。一日の出来事をノートにできるだけメモしておき、授業の様子、イライラしていたこと、給食の様子などを細かく伝えた。良いことも悪いことも知りたいとのことだったので、頑張っている姿はもちろんのこと、大きなトラブルから、ほかの子どもなら保護者に連絡しないような小さなトラブルまで、私の記憶と時間の許す限り、詳細に伝えるように心がけた。母からは家での様子を教えてもらった。

放課後には、佐藤先生と一緒に、ナギやクラスへの方針を考えた。まずは、次の約束をするよう勧められる。

・教室の外にいる時は担任から見えるところにいる

・レベル1…廊下　レベル2…教室　レベル3…自分の席

教師側からさせた約束だが、ナギもなんとなく納得はしている様子で、声をかけると私が見える位置に戻ってくるようになった。

その後も、佐藤先生からは、ルールを決めて絶対守らせることを提案してもらったが、守り切らせる自信が私にはなかった。ルールに縛られるのはお互い窮屈になる。一方、なんでもありにするとナギが逆に辛いということも佐藤先生に教えてもらった。

約束を作るため、ペンと画用紙の切れ端で作った短冊を用意して隣にいたナギに声をかける。

「何色が好き？」

「黄色」

「目標を書こうと思うんだけど」

「僕が書く」

私の手から黄色のペンを取り、「そとにでない」と書いた。てっきり自由に好きなことを書くと思っていたので驚いた。自分でも外に出てはいけないと思っているようだ。

「もう一枚ちょうだい」

紙とペンを受け取ると、次々と言葉を並べていく。「べんきょうをやっているときはろうかにでない」「せんせいのみえるところにいる」「べんきょうをやめない」「はしらない」

授業中にどうしたらいいのかナギなりに分かっているのだと気付いた。

これでうまくいくかと思った二日後、目標を書いた短冊は破り捨てられた。

約束に限らず様々な方法を試してみるが、昨日うまくいったことが今日うまくいくとは限らない。彼の気分は数分で変わることもある。私が言うとだめでも、他の先生が言うとできることも多く、「もっとガツンといった方がいい」「言えば分かるから」というアドバイスも受けた。今もうまくいっていないけれど、そうしたらもっとダメな気がする……と、なんとなく思っていた。

採用一年目の時に、「『○○しないなら一組（主任のクラス）行っておいで』と言ったらいいよ」と、助け船を出してもらった。クラスに落ち着かない子どもがいた私に、善意で言ってもらったことである。似た言い回しで、「遊ぶなら運動場へ行っておいで」というのもよく聞く。今思えば、自分の教室から追い出すような言葉であるし、できない子どもを排除しているような言葉である。現状のしんどさから、つい言いたくなってしまう気もちもあるが、経験を積むにつれ、担任が絶対に言ってはいけない言葉だと思うようになった。特に、教室から飛び出すナギのいるこのクラスで、その脅しの言葉だけは、誰がなんと言おうと絶対に言わないと心に決めた。

佐藤先生と立てた方針の二つ目は、「みんなで」を意識させること。佐藤先生の文脈は、「はみ出し者は許さない」に近かったような気もするが、一人ひとりの個性が強いからこそ、はみ出していたとしても、なにをしていたとしても、クラスとしての意識が芽生えたらいいなと思った。

こうして、佐藤先生と話す過程で出てきた目指す姿と、クラスの子どもたちと話し合って決めた学級目標がぴったり重なった。学級目標「みんながやさしい　みんなときょうりょく　みんなでがんばる　たのしい1ねん1くみ」を意識して取り組んでいくことにした。

ある日、ナギは、校舎裏に繋がる靴箱の隙間を見つけた。教室から抜け出し、そこに入る。

「危ないから出ておいで」

声をかけたが、逆効果。ナギは嬉しそうに奥へと進む。私が行くのを喜んでいるのかもしれないと思い、あえて教室で待つことにした。

「出ないからねー」

ナギは、それを伝えに教室までやってきて、また靴箱の裏に戻る。クラスの子どもたちは、ナギが気になってついていく。廊下に出ていた子どもたちに呼びかけた。

「みんなが来てくれるからナギは嬉しくなっていると思う。あそこに入っていくのは危ないからやめてほしいと先生は思っているんだけど、みんなはどう？」

「危ないと思う」

「入ったらだめ」

「じゃあ、実験ね。きっと出てくるから、呼ばれても知らんふりして教室で待ってみない？」

そうして教室に入り、みんなで楽しそうにしていると、ナギが隙間から顔を出す。

「こっちにおいでー」

みんなは行かない。

「出ないよー」

ナギは、そう言いながら教室まで来た。

時には運動場まで行ってしまうこともあった。いろいろな先生に声をかけてもらい、廊下や教室を行きつ戻りつしながら、だんだん教室で過ごす時間が増えていった。しかし、今度は黒板前に出てくるようになり、黒板の文字が指で消えることに楽しさを感じるようになってしまった。これは、ブームが去ったり再燃したりしながら一年生の終わりまで続いた。

4 子どもたちから見たナギ

とにかく散らかす。給食の用意も人任せ。そんなナギと、途方に暮れながら片付けをする私。いつのまにか周りの子どもたちも一緒に準備や片付けをするようになっていた。

七月になり、係決めをすることになった。

「一年一組がもっと楽しくなるようにしよう。どんな係があったらいいかな」

「ひみつきち」

一番に陽葵《ひまり》がアイデアを出した。遊び係や生き物係が候補に挙がると予想していたので理解が追い付かなかった。遊び係の一部なのかと思い、問い返す。

「どういうこと?」

「もし誰かがナギみたいになった時に、落ち着ける場所を作ったらいいと思う」

係活動の始動は二学期になり、「ひみつきち係」は幻となったが、陽葵の言葉に頷く子どもたちを見て、あのダンボールをそんなふうに見てくれていたのかと嬉しく思った。

夏休み前の個人懇談会では、ナギとよく喧嘩をしているカンタの母から、カンタがナギに憧れているというエピソードを聞いた。

一学期末の給食時間。ナギは教室の隅に畳んで置いてあった大きいダンボールを見つけた。

「先生、このダンボール、僕にちょうだい」

「何するの？」

「囲みたい」

「こんなふう？」

座って食べてほしい私は、冗談交じりにナギの机をダンボールで囲み、テープで固定した。しかし、粘着力が弱くて外れてしまう。ダンボールを広げ、スポッとナギの机にはめてみた。

「そうそう！　僕はこれがしたかったんだあ！」

まさかの好反応。ナギも囲まれていれば座って食べられると考えたようだった。

「思いが通じ合ったね」

「うん！」

ナギも自分なりに落ち着く場所を探しているのかもしれないと思った。クラスの子どもたちもそんなやりとりをほほえましく見ていた。

5 二学期

二学期三日目の月曜日、給食準備時間。ナギは、「ガオー、ガオー」と吠えながら歩き回っている。見かねて、「ちょっと落ち着こう」と、教室後方に連れて行く。

「今は何になってるの?」

「ガオー」

「えー。分からない。ヒントちょうだい」

「サ」

「え? サル?」

「(首を振りながら) ガオー」

「違うことは分かったけど何か分からない。もう少しヒントちょうだい」

「サ*@#」

「だめだ。人間の言葉じゃないと分からないや」

「サーベルタイガー」

こんなやりとりで落ち着くわけもなく、満面の笑みでガオガオと言っている。なんとか座ってくれないかと思いながら、ナギはサーベルタイガーになっていることを子どもたちに伝え、サーベルタイガー語で「いただきます」をお願いしてみた。

放課後は、みんなが教室を出てからゆっくりと帰りの用意をすることが日常になっていた。ある日、クレーンのように教科書などを拾い集めていた。私の腕を取ると、二人羽織のようになり、ご機嫌で帰りの用意をした。ナギがクレーンで、私が操縦。

「ジュウデンガ、キレマシタ」

そう言いながら、私の膝の上に座って充電している。

「イマ、〇・五パーセントデス。一パーセント、十パーセント……」

汗だくのナギは、私の膝の上でにこにこしながら充電具合を実況している。

「ジュウデンガ、カンリョウシマシタ」

充電を終えると膝から下り、帰りの用意を再開する。でも、動くとすぐに電池切れ。

「ジュウデンガ、キレマシタ」

そんなことを毎日していると、ヤマトとレンが教室に残って一緒に楽しむようになった。

教師用はんこに興味をもち、「給食を食べたら十五個押す」と、言っていたこともある。

「スタンプ押す！」

「今は帰りの用意の時間だから押さないよ」

「せっかく給食全部食べたのに！」

「給食の分のスタンプ十五個は押そう。帰りの用意が時間内に終わったらプラス十個！」

「分かった！　六十一個ね！」

どう計算したら六十一個になるかは不明だが、本当に帰りの用意を終わらせた。

お迎えの都合でしばらく教室に残った日。まずは一緒に帰りの用意をした。まだ時間があったので、授業中にできずに残っていたカタカナワークに取り組んだ。すぐにふざけ始め、マス目を盛大にはみ出して書いたり新たな文字を生み出したりしている。自由奔放すぎたが、放課後で二人きりなので思う存分のっかった。のっかりながら、やりすぎている文字は消す。

「先生用にもドリルがあったから、一緒にやろうか。どっちが丁寧に、はやく書けるかな」

そんなふうに声をかけると、ナギは集中して書き始めた。


調子よく登校しているように思えたが、二学期になり、放課後等デイサービス（障害のある子どもを対象としたデイサービス。授業終了後や学校休業日に通う、療育機能・居場所機能を備えた福祉サービス。以下、放デイ）や学校に行きたくないと言うようになった。放デイに行かずに家に帰りたいと言って帰りの用意が進まず、放デイへ行っても早退することが続いた。

学校でも、登校すると「学校はつまらない！　僕は漢字の勉強がしたいんだ！」「お母さんのいるところに行きたいんだ」というようなことを時々言っていた。

放デイに行き渋っている時も女の子たちが上手に関わってくれる。ナギが放デイの先生を見つけて教室へ逃げると「任せて！」と言わんばかりの表情。私も様子を見ようと少し離れてついていく。

「シー」

陽葵、凛、詩から私に、「あっちで待ってて」という合図が送られてくる。しばらく放デイの先生と待っていると、ナギと一緒に運動場へ出てきた。三人に提案してみる。

「『よういどん！』って言ったら戻って来られるかなあ」

「もうそれやったけどだめだった！」

さすが。私の考えていることは、もう実行済みだった。

「戦って負けたら行くっていうからやってるけど、ナギ全然負けないわ」

「戦うふりして少しずつあっちに行く作戦してる」

行きたくない理由をナギに聞いてみると、「放デイにはオセロや漢字の本がないからつまらない」と不満そう。母と放デイの先生がやりとりをして、お迎えの時にナギの興味のあるものを持ってきてもらうようになり、ようやく時間通り行けるようになってきた。

6 指導を見直す

ナギについて全校で共通理解を図ったほうがよいと何人かの先生が声をかけてくださっていた。しかし、一年生はそれぞれのクラスが個性的で、じっくり話す場をもつことができていなかった。二学期、ナギの調子の悪い日が多く、他学年の先生がナギのケース会議を管理職・生徒指導主任に提案してくださり実現に至った。

会議に先立ち、学年でまとめたことは次の二つ。

①まずは、その場にいるだけで十分。

②安全と人権の視点から、人に危害を与えなければ大抵のことは大目に見る。

ケース会議には、管理職・生徒指導主任・養護教諭・一年担任が集まり、「小さな目標を決めて褒める機会を増やす」と、まとまった。

その後も適切な支援を掴みきれないまま、毎日手探り状態でナギと関わっていた。

九月末、地元で行っている学習会でレポート報告をすることになり、ナギについて自分なりに見立てをしてみた。①かまってほしい？　②友だちとたくさん遊びたい？　③ナギなりに授業中は頑張って静かにしている？　④感情に素直？　⑤「納得」や「見通し」が大事？

学習会では、〔班で目標を決める・ナギの知識を生かした活動をみんなでする・みんなのなかでうまくやっていけるように全体に開いていく・ダンボールに寄ってきた子をきっかけに輪を広げていく・ナギの花火大会をみんなでしてみる・安心して活動できるように支援をする〕といったアドバイスをいただいた。この学習会以降は、私の指導の方針として、「みんなのなかで」を特に意識するようにした。ナギ個人の問題に終わらせず、周囲の子どものちからを借りながらみんなと共にすごせることを大事にしようと考えた。

例えばトラブルになった時、事実確認を終えるとクラスに呼びかける。

「ナギの思いを一緒に聞いてくれる人はいませんか？」

知りたい、気になると思っている子どもたちが何人か集まってくる。まずは、そんな子どもたちに、ナギのしたこととそれに至った思いを伝えることから始めた。

一学期は一人遊びが多かったナギ。二学期になると友だちと鬼ごっこで遊ぶようになる。しかし、ナギ対みんなというトラブルが多発。次第に、休み時間が終わると子どもたちがプリプリ怒りながら教室に帰ってくるようになる。「ナギに叩かれて嫌だった」「ナギに暴言を吐かれて嫌だった」と言う子どもたちと、「みんなが悪い」と言うナギ。大勢で遊んでいることもあり、クラスの大半の子どもの名前が関係者として挙がる。学習どころではないので、三時間目はみんなの思いを出し合う時間にした。聞き取りを始めると、聞いてほしい思いが強いナギは嬉々として話し出す。双方の主張を聞き、次回への改善案を話し合う。こうして、トラブルが起きた子どもたちだけで話し合うより、クラス全体で話す方がナギの指導はやりやすくなった。

その後も、トラブルが起きたらクラス全体に問題を開き、意見を求めるようにした。また、子どもたちと一緒にナギの気持ちを考えることも大切にしてきた。子どもたちは温かく、自分が殴られたり暴言を吐かれたりしていても、ナギの思いを汲み取ろうとしてくれるようになった。

そんななか、転機となった出来事がある。九月下旬、放課後一緒に遊んでいた陽葵、凛、詩に手が出た。陽葵は顔にひっかき傷、詩は転んで腕をすりむくなどの怪我をした。今までも手が出ることはあったが、怪我をさせたのはこれが初めてだ。

その場に居合わせた学年主任に連れられ、四人が教室に来る。ナギからやってしまったという感情が見え隠れするが、謝れそうにない。これまでも友だちに手が出てしまっても謝れたことは一度もなく、私が代わりに謝ったりフォローしたりすることで凌いできた。しかし、今回は、怪我をさせていることもあり、その場にいた大人たちは「もちろん謝るよね」という雰囲気になっていた。後から聞くと、主任はトラブルがあった時のナギの様子を知らず、自分のクラスと同じように当たり前に「ごめんね」が出ると思っていたそうだ。

当事者を集めて事情を聴いて指導するも、ナギは途中で何度もトイレに行ったり、職員室前まで走ったりしていた。陽葵、凛、詩もついていく。戻ってきた陽葵が私にこう言った。

「さっきナギね、『ごめんなさいって言わなくちゃ』って言ってたんだよ」

驚いた。謝りたい気持ちはあったのだ。ナギは謝れない、だから謝らなくていいと思い込んでいたのは私のほうだったのだと気付かされた出来事だった。

謝れないまま一時間が過ぎた。たまたま用事があって教室に来た教頭も、「何事だ」という様子。ナギは、「謝らなきゃ……。でも言えない……」と、いろいろな葛藤を抱えている表情だった。イライラを私にぶつけているのか、その間何度も殴る、蹴る。「ナギの気持ちは全部受け止めるから」と言うことしかできなかった。

私にもたれかかりながら、もじもじしている。トイレに行っては戻ってくるの繰り返し。どれくらい時間が経ったのだろうか。ナギは、やっとの思いで「ごめんなさい」と言った。陽葵、凛、詩も「『ごめんね』言えたね！」と、嬉しそう。やられた三人だが、いつのまにかナギの気持ちに寄り添い、応援する側にいたようだ。

「本当は、『ピシッと立て！』って言いたいところだったけれど、あれが精いっぱいだったね」

職員室に戻ると、教頭が一連の出来事をふり返ってそう言った。

その後、ナギが手を出してしまった時、「ナギはちゃんと謝れるよ！」「陽葵は知ってるもん！」

「凛も見てたよ！」と、三人がナギを励まし支えてくれるようになった。その後のトラブルでナギから謝罪されたヨウも、「ナギは謝れる！」と、背中を押してくれた。

そうして、だんだんと「ナギは謝れるんだ」と、みんなが分かってきた。

この頃から、「ナギにやられた」と訴える子どもが増えた。今まで私がちゃんと向き合わなかった分、子どもたちもどこか諦めていたのかもしれないと感じた。一見するとトラブルが増えたように思えたが、言えばちゃんと聞いてもらえる、ナギも謝ってくれる、訴えていいんだと子どもたちが思えるようになり始めたのかもしれないと前向きに捉えることにした。

しかし、ナギは毎回素直に謝れるわけではない。とてつもなく時間がかかることもあれば、結局謝れないまま終わってしまうこともある。私もナギの表情や行動から、本当は悪いと思っている、ごめんなさいの気持ちをもっているということがなんとなく分かるようになった。

「謝りたい気持ちはありそうだね。ナギは今、ものすごく自分と闘っているね」

子どもたちに話しながら、自分にも言い聞かせる。無理矢理かなと思いながらも、ナギの言動を実況しながら思いを代弁しようと試みるうちに、陽葵や凛をはじめとする女の子たちも、ナギの思いを汲み取って話をしてくれるようになってきた。朝から友だちを殴り、「今はごめんって言えない！さようならの後！」と、無茶苦茶なことを言っていたナギに、「いいよ、待ってるよ」と待ってくれる子がいた。子どもたちの懐の深さにナギも私も救われてきた。

そうして、ナギの場合に限らず「今、○○はイライラしてるでしょ。△△だからなの」と、クラスで子どもたちの状況を共有するようになった。

授業とは関係のない読書をすることなど、これまでナギに対して様々なことを大目に見てきたのだが、タブレット端末の使用だけはみんなとルールを揃えていた。子どもたちは端末を使うことをとても楽しみにしているので、ナギだけ自由に使っていいことになると、「ずるい」「なんで」という声が上がると思ったからだ。当たり前のように三学期もその思いを貫いていた。

ある日の給食時間、ナギが「デジタルドリルがしたい」と言いに来た。「今はする時間じゃないから使わないよ」と答えると、ナギは荒れた。子どもたちに事情を説明する。

「今、ナギはデジタルドリルがしたいって言いに来たんだけど、使う時間じゃないからダメって言ったら怒っちゃった。だから、落ち着くために高橋先生と一緒にお散歩しています」

すると、子どもたちが口々に言い出した。

「先生、デジタルドリルくらいさせてあげたらいいじゃん」

「やらせてあげなよ」

「ナギが落ち着くならその方がいいって」

「ナギが帰ってきたら絶対言ってね！　デジタルドリルしていいよって！」

予想外の反応に驚いた。

「でも、みんなもデジタルドリルやりたいでしょ。ナギだけずるいと思わないの？」

「もちろんやりたいなとは思うけど、今は給食の時間だからダメって分かってるもん」

7 二年生になりたくない

「四月、五月はカオスだったね」

一月の授業研修の場で、私のクラスのことを学校長がそんな言葉で表現した。

年度当初、ナギが順調に小学校生活をスタートさせた一方、ナギ以上に気になる子が大勢いた。自分が一番になりたい子、マイペースで周りから二、三テンポ遅れる子、思ったこと全てが口から出る子、内気な子、登校に不安を抱える子、給食が苦手な子、感情コントロールが難しい子、とにかく自分を見てほしい子……。一人ひとりが自分の世界にいて、周りは気にせず自分の思うように過ごしている、そんな感じだった。いろいろなことがあった当時を思うと、ようやくクラスも少しは落ち着き、まとまり始めたように思えた一月。そんな時期の授業公開だった。

ところが一月下旬になり、クラス全体がまた不安定になる。校内研修の一貫で公開した道徳の授業には、学校長やほかの学年の先生が参観に来られ、子どもたちはいつも以上に頑張っていた。「次の一年生に向けて」という言葉が子どもたちから自然と出ていた。その頃からいろいろな教科で一年間をふり返る学習が増え、新しく入学してくる一年生を迎える準備を始めていた。

自分たちもお兄さんお姉さんになるのだという自覚が出たのも束の間だった。これまでもクラスの雰囲気がふわふわすることはあったが、次の日は少し落ち着くのがいつものパターン。ところが、今回は違った。ずっとそわそわざわざわしている。二年生への見通しをもつことで気合いが入ったらいいなと、クラスで二年生に向けての話をした。前向きな返答を期待して問いかける。

「みんなはどんな二年生になりたい？」

「いやだ！」

まさかの答えが返ってきた。

「二年生になりたくない！」

「六年生になるまでずっとこの教室がいい！」

子どもたちは口々に嫌だと言う。

「どうして？」

「だってせっかくみんなと友だちになったのに離れたくないもん」

「二年生になったら先生が怖くなるんでしょ」

予想外の反応に困惑しながらも、なんとか落ち着かせようと言葉を探す。

「二年生になってバラバラになるわけじゃないよ。新しいクラスにも一組のお友だちはいるよ」

「違うの、このまま一年一組がいいの」

「最近、なんだかみんなが落ち着かないな、ざわざわしているなって思っていたんだけど、もしかして二年生になりたくないから？」

「そうだよ!!」

みんなの声が揃った。ためしに「二年生が楽しみな人は？」と聞くと、手を挙げたのはたった三人だけだった。

「もう無理！　爆発する！」

ヤマトが勢いよく立ち上がり、教室の中を走り出した。陽菜が続く。そしてみんな立ち上がる。思い思いに手押し相撲をしたり、おしくらまんじゅうをしたり……。みんなで爆発した。

同時期、ナギも不安定になっていた。ご機嫌かと思えば些細なことで怒る。感情がジェットコースターだった。私も一日に何度もナギに殴られたり蹴られたりすることが続いた。

そんな時、インフルエンザ流行により学級閉鎖になる。閉鎖が決定して泣く子どもたち。こんな状態で強制的に数日間会えなくなったので、閉鎖明けの子どもたちがどんな様子で登校してくるかと心配していたが、どの子も意外とすっきりした顔で戻ってきた。ナギも、学校再開前に母がしっかりと見通しをもたせてくれたからか、比較的穏やかに閉鎖明けの一週間を過ごした。ヤマトと陽菜は相変わらず。授業中、二人でナギの横にいくことがある。ナギは仲間（？）がいることが嬉しいのか、二人が自分の席に座っていると、二人を呼ぶようになった。

ほかの子どもたちは、「みんなで前に爆発したから」と、授業は授業として切り替えているらしかった。それでも、休み時間に「ずっとこの教室にいるからね」と宣言しに来る子がいた。「二年生になりたくないと、先日大泣きしたんです」と、保護者から連絡があった子もいた。

四月はバラバラだった子どもたちが、ゆっくり、少しずつ一年一組になっていき、多かれ少なかれ友だちやこの空間に愛着をもって過ごしてきたんだなと、ほほえましく感じた。

解説

子どもを絶対に切り捨てない決意を支える実践がここにある

❶ 小学校低学年の学級づくりの課題

「小学校1年生の教室が大変だ」と言われて久しい。入学当初はおとなしくても、しばらく経つと何人かの子どもたちが授業中に教室を立ち歩き、友達に話しかけ、教室から出て行ったりする。『小1プロブレム』と呼ばれ、文科省や教育委員会もその対策に頭を悩ませているのが現状だ。では、それを克服するためには何をすればいいのか。まず、教師が一人ひとりの子どもとつながり信頼関係をつくることである。未だ幼児性が抜けきらず自己中心的な言動をする子どもたちの思いや願いを知ることである。そのためには、子どもたちみんなが教師の思うように動くはずがないと腹をくくり、子どもたちの声に耳を傾け、思いを聴きとることだろう。そして、子どもたちが楽しく安心して参加できるような授業をつくり活動を進めることが大切だ。その中で、学校で勉強し生活することが楽しくなるように、どの子にも居場所と出番を用意することが求められる。

❷ナギさんはどんな子どもか

ナギさんの個人資料には発達障害と記され、申し送り事項にはＡＳＤ（自閉症スペクトラム）の子どもによく見られる特性が具体的に書かれていた。その特性がゆえに、ナギさんは周りの友達の意図を理解できにくく、また自分の思いをうまく伝えられず誤解されることも少なくなかったであろう。永野さんは、ナギさんの特性に配慮しながらの関わりを始めていく。例えば体育の着替えの時や給食エプロンと帽子を着る時の丁寧な声掛けがそれである。どんな支援や言葉掛けがナギさんにとって有効なのか、担任教師は一つひとつ具体的にやっていくしかないのである。

５月中旬に転換期がやってきた。ナギさんが友達とのトラブルから落ち着きをなくし、床に荷物を広げたまま廊下を何往復もしているのだ。永野さんが声をかけてもそのイライラは収まらない。こういう時には時間を取ってじっくりと子どもに話を聞く余裕が担任教師には必要だ。この時は、たまたま支援員の佐藤先生が通りかかったので、ナギさんは落ち着きを取り戻すことができたのだが、永野さん一人だったらどんな展開になっていただろうか。

「教室に入りたくない」というナギさんに永野さんは、「一か八か」でダンボールの秘密基地を作るよう誘いかけたり、ナギさんと約束をして教室にいるように取り組んだりしたが長続きしない。取り組みがうまくいかなくなり、周りの先生方からお決まりのアドバイスを受けた。「もっとガツンといった方がいい」「言えばわかるから」と。この時、永野さんは「そうしたらもっとダメな気がする」と思った。ここが永野さんの実践を決定づけた。採用一年目の時、落ち着かない子どもには「〇〇しないなら1組（主任の学級）へ行っておいで」と言えばいいと教わった。永野さんは、それはできない子どもを排除している言葉であり、絶対言ってはいけない言葉だと書いている。そして、「教室から飛び出すナギさんのいるこの学級で、その脅しの言葉だけは、誰がなんと言おうと絶対に言わないと心に決めた」のだ。永野さんは、この時「ナギさんを絶対に切り捨てない」決意を固めたのである。

❸「みんなで」を意識した声かけと特性に配慮した関わり

「みんなで」という方針は、ナギさんと永野さんの一対一対応になってしまっていた関係を広げることになった。ナギさんが靴箱の隙間に入った時、「みんなはどう？」と問いかけ、みんなでナギさんを教室で待った。そんな周りの温かい眼差しを感じ、さらにいろいろな先生の支援もあり、ナギさんはだんだんと教室で過ごすことが増えていく。外に出ていたナギさんが教室を自分の居場所だと感じてきたからだろう。しかし、今度は教室で前に出てくるようになる。一難去ってまた一難、と思いがちだがそうではない。ナギさんは教室の先生や子どもたちの中でトラブルを起こしているのだから、大きな変化（前進）であった。それは、やはり永野さんの揺るがない温かい対応と、周りの子どもたちの優しい関わりがあったからだ。

また、永野さんはナギさんの行動への応答（対応）が見事である。例を挙げれば、ガオーガオーと吠えながら歩き回っている場面だ。「今は何になってるの?」とナギさんに合わせて対話を仕掛け、結局「だめだ。人間の言葉じゃないとわからないや」と言ってとうとう「サーベルタイガー」と言わせている。それでも落ち着かないナギさんにサーベルタイガー語での「いただきます」をお願いしている。この柔らかな応答に学びたい。ナギさんのことを何とかわかりたいという一心がこの応答を生み出しているのだ。他にも、二人羽織のようなクレーンでの帰りの用意や、ふざけてやっていたカタカナワークの対応など、「〇〇しなさい」と言うのではなく、遊び心いっぱいの応答にナギさんは安心してやるべきことに取り組み始めている。

❹ 個人指導と同時に集団指導も加わって

その後、永野さんはさらに「みんなのなかで」を意識するようにし、ナギさん個人の問題に終わらせず周囲の子どものちからを借りながらみんなと共に過ごせることを大事にしようと考えた。「ナギさんの思いを一緒に聞いてくれる人はいませんか?」と子どもたちに呼びかけ、ナギさんへの理解を拡げていこうとしたのだ。みんなと遊ぶようになったナギさんはトラブルを多発させるが、学級全体で指導することでナギさんに指導が入りやすくなり、周りの子どもたちの思いも出し合えるようになっていく。

ナギさんが一緒に遊んでいた子どもに怪我をさせた時、やっとのことでナギさんは「ごめんなさい」を言った。永野さんが殴られ蹴られながらも辛抱強く待った末に、自分の中で折り合いをつけて謝ったのだろう。このことは周りの子どものナギさんへの見方を変えることになった。「ナギさんは謝れるんだ」と。そして、ナギさんのことを訴えることが増えてきた。「トラブルが増えたように思えた」と書かれているが、今までは「訴えてもナギさんは謝らないから仕方ない」と思っていたが、もう訴えてもいいんだと思うようになったのだろう。それはナギさんにとってはキツいことだが、学級の一員として認知されてきたという証である。

ナギさんは訴えられるだけではなく、トラブルを起こした時に謝るのを「待ってるよ」と言われたり、理解を示してもらうようにもなっている。ドリルの場面では、みんなと同じルールで使わせなかった先生に対して、子どもたちは「ドリルぐらいさせたらいいじゃん」「やらせてあげなよ」と言うようになっている。ナギさんをわがまま扱いしているのではなく、周りの子どもたちのナギさんへの理解が拡がっているから、こういう言葉が出てくるのだろう。

❺ ナギさんと周りの子どもたちにとって、この教室はどんな意味を持っていたのか

三学期になって、子どもたちは「二年生になりたくない」「このまま一年一組がいいの」と言って爆発する。子どもたちにとって永野さんとの一年間の学校生活がかけがえのないものになっていたからだと思う。それは、ナギさんへの柔らかく丁寧な指導と同じように、永野さんは学級の他の子どもたちにもそうしていたからにほかならない。ナギさんが生きやすい学級は、他の子どもたちにとっても生きやすい学級だったということを示している。

私たちは重い課題を抱えた子どもに出会った時、その子どもとの信頼関係をつくりつつ、学級で子ども同士のつながりをもち「居場所」といえる人間関係をもてるようにしていこうと腐心する。その取り組みは、彼／彼女にとってだけでなく学級の子どもたちみんなが居心地よく生きやすい学級をつくることにつながっているのである。

（細田俊史）

新しい世界の扉を少しずつひらこう

秦　和範

1　トラブルの日々

久しぶりの四年生担任だ。新年度最初の学年会で学級名簿を見た。目に飛び込んできたのは太郎の名だ。太郎は「一年生の頃は、友だちと関わるスキルが乏しく、ちょっかいをかけたりかけられたりして、それがエスカレートして、相手に迷惑をかけることが多い子だった」と聞いている。当時は暴言や暴力も頻繁にあったらしい。もうひとり、私を不安にさせたのがサラだ。サラは場面緘黙と申し送りがあった。場面緘黙の子を担任するのは初めてだ。言葉が出ない？　話が出来ない？　サラの様子をしっかりと観察して、どんな風に接点をつくるかが当面の目標になるとイメージした。

学級開きは明るいトーンで成功。太郎ものってきた。続く学級会も「自己紹介をして、仲良くなろう。自分のことを紹介し、他の人のことも聞く」というめあてをもって行った。こちらもまずまずの雰囲気で終えることができた。

しかし、予想通り、当初からトラブルは頻発した。そのほとんどが、太郎に関係していた。休み時間が終わると、「先生、太郎がちょっかいをかけてやめてくれません」や「太郎がルールを守りません」「やめてと言ったのにちょっかいをやめてくれません」などと子どもたちが訴えてきた。その度に、太郎とそのトラブルに関係していた子どもを呼んで、事実確認をして、トラブルを解決していった。これでは、授業の開始が遅くなり、困るなと思いながらも、ここは丁寧に対応しておかないといけないと思い、できるだけスピーディーに、しかし、丁寧に聞き取りを行って指導していった。多かったのは、遊びでのもめごとだ。おにごっこのルールについて、もめることがよくあった。中間休みの終わりに、ある子がおにごっこの不満を言いに来た。おにごっこのルールのことなので私的な問題で終わらさずに学級全体の問題として取り扱い、「ひとりのことをみんなで考える」機会を持つことにした。

子どもたちの話では、おにに捕まる間際に、「タイム、足が痛い」と言って「タイム」をとる人が増えてきているということだった。これは認められるルールかどうかと聞くと、「それはなし」ということをみんなは言った。このルールは、認められないことにした。この際、「意見がある人が他にいないか？」と聞くと、「おにになったら、あごマスクにしないといけないのに、近くに来て急にあごマスクにしてタッチしてくるおにの人がいるのでやめてほしい」という意見が出た。その結果、つかまったらすぐにあごマスクにするルールが生まれた。これを再度班長会で検討し、画用紙に書いて学級会で提案した。みんなの承認をとって学級のルールとした。その後、もめるたびにその場での話し合いや臨時の学級会、場合によっては班長会をへて、クラスのおにごっこのルールを決めていった。次第に、遊びでのもめごとは減っていった。

場面緘黙のサラは、休み時間は友だちと話すことなく一人で表情なく座っている。動作も遅くて時間がかかることもある。しかし、みんなは何も言わずに待ち、手伝ってあげてくれていた。私はなんとかサラの心の想いを知り、彼女がこのクラスで良かったと思えるようにしたかった。そこで、早速、今までの担任の先生や幼稚園の先生に連絡を取り、サラに関することを聞いていった。また、サラのお母さんとも話す機会をつくり、徐々にサラの生い立ちについて聞いていった。そして、私は自分の指導ノートに記録して、ある仮説を立てた。それは、母と似ているもともとの内向的な性格と幼稚園の時から子ども同士で交わる機会が少なかったということだ。そこで、サラも含めてクラスの子どもたちが交わる機会を増やそうと思い、係活動を始めた。係は「学級のため、そして自分たちも楽しむためにできること」をめあてに子どもたちは係をつくっていった。私からいくつか過去の係を紹介していくと、どんどんと係が誕生した。

太郎は遊び係に立候補した。サラは音楽係に立候補した。音楽係は、給食の時間にかけても良いことになっているオルゴールの曲を考えた。そして、曲のリストを作っていった。少しずつクラスの交わりも増えてきた。それまでは、休み時間に一人で本を読んだり、タブレットをしたりする子が多かったが、係で集まるようになってきた。〝みんな遊び〟も週に一回することになった。

また、班長会でお誕生日会を提案し、原案を作ってクラスで話し合った。子どもたちは学級会も初めてで、お誕生日会も初めてだったので、最初は戸惑っていたが、最後にはとても満足していた。太郎は、お誕生日の人のクイズをつくり盛り上げてくれていた。

2　太郎の暴言

「最近、クラスで何か困ったことある？」
蓮「太郎がちょっかいをかけてくることや暴言が多い？」
悠馬「前からそういうこと多い」
「そっか〜。どんなちょっかいが多い？」
蓮「ぶつかってこられた」
「何もしてないのに」

蓮「ぼくが友だちとじゃれていたら急に寄ってきてぶつかってきた」
拓海「そういうことある。あとドッチボールであおってきたこともあった」
悠馬「それ見たことある」
サクラ「あの人は一年からそういう人やから。問題児やってお母さんが言っていた」
「そう思う？　先生はそうは思わないけどな～」
蓮「やさしい時もあるけど、いらんちょっかいや暴言を無くしたらいいと思う」
「ちょっかいかけてきたとき、どう返してるの？」
蓮「それあかんでって何度も言う」
「それって、太郎はみんなにかまってほしいのと違う？　もともと太郎はさびしいのとちがうかな」
拓海「なんで？」
「さびしいから、かまってほしいけど、うまく友だちとのかかわり方が分からないからちょっかいをかけているんじゃないかな」
拓海「そうなん？」
「そう思ったら、今度ちょっかいかけてきたら、真剣に怒らんと余裕持って笑いながら『もうあかんで』とか『一回だけやで』とか注意してみたら？　太郎は、一緒にやりたいんやと思うで」
拓海「わかった」

蓮「できるかな」
「まあ、一回やってみて」
蓮「わかった。やってみる」
数日後、蓮と拓海に話を聞いてみた。
「どうやった？」
蓮「やさしく注意したら、向こうもやめてくれた」
「そっか〜。やったやん。拓海は？」
拓海「やっぱり太郎はこわいなって思う気持ちはある」
「そうやな。すぐに気持ちは変わらんときもあるよな。でも、帰りの会の良いところ発表で、最近は太郎の良いところも発表する人、出てきてるで。すごいと思わない」
拓海「それは思う」
蓮「今まではこわいところばっかりやったしな」
「そう考えると、太郎も少しずつ変わろうとしているんと違うかな。でも、これだけは知っておいて欲しい。ちょっかいや暴言を言うけど、本当は友だち欲しいと思っているで。でも、それが上手くできないから太郎も困っていると思うで」
拓海「うん」

五月のなかごろ、京介が休んだ。原因は太郎から嫌なことを言われ続けているということだった。この話を聞いたときに、私は、太郎は本当は友だちが欲しいのだと感じた。そこで、指導方針を組み立てた。まず太郎に事実関係の確認をした。太郎は、名前で遊ぶことをふざけてしていたと言った。それが京介にどんな気持ちにさせていたかを話した。

「太郎はその時は悪かったと思うけれど、忘れてしまう時があるので、もし、忘れてしてしまっても、すぐに謝ってもうしないことを約束しよう」

太郎「うん」

「友だちへの関わり方は一・二年の頃よりかはだいぶ良くなってきている。また、太郎のことをほんとは面白くて優しい人と言っている人もいる。それは、過去に太郎がしてきたことを頭ごなしに叱ることなしに丁寧に聞き取り、太郎が何をしたかったかを丁寧に読み取ってくださったお母さん、おばあちゃんの粘り強い関わりがあったからだよ。

太郎はこれだけ変われてすごい。だから、これからもきっといい方向に変わることができる。太郎は友だちにちょっかいや暴力をふるうけど、それは友だちと遊びたいという気持ちがあってしていたことやろ。それがうまく相手に伝わらずに怒られてきたんやろ。これからは、相手を傷つけずに楽しむ関わり方を一緒に考えていこう」

こう話すと、太郎は、涙を流して京介に謝った。これを機に、太郎の暴力はほとんどなくなった。

同時に、太郎の得意な動画編集や係での活躍と承認の場を意図的につくりだして、みんなと共に安心して学べる仲間としてクラスに位置付けていった。

3　班長会で考え進めていったクラスの取組

週に一回のペースで班長会を開いていた。学級の様子や取り組みたい活動を話し合っていた。最近、ベル着ができていない人が出てきたということで、みんなで注意しあっていこうという意見が班長会で出てきた。そこで、これを学級の取組にして、班で協力して達成していくことにした。班長会で原案を考えて、それをもとに学級会を開いて決めていった。質問や意見、班での考えなどを聞き出して取組に反映させていった。司会と記録は学級代表で行った。たどたどしい進行であったが、子どもたちですすめていくことを意識して取り組んだ。

夏休みに、私が毎日子どもの言動を記録し、学級や個々の子どもにどんな言葉掛けをしようとかどんな方針で臨もうかといった考えをまとめている指導ノートをじっくりと見直した。そして一学期を総括し、自分なりに二学期の方針を立ててみた。

方針の中で最も重視したのは「一人の困りをみんなで考えて乗り越えていく」ことである。それは、今の世の中は、「できないこと」を個人責任にして切り捨ててしまうことが多く見られる。「できないのはあなたのせいです」や「学校ではここまでしかできません」と文体は丁寧ではあるが、「できること」と「できないこと」の線を引いて、その線を崩すようなことがあれば、『自己責任』の考えを前面に押し出して、排除しようとする。いずれ、そういった人たちは、学校への期待を裏切られて、不登校という形に追い込まれていく。学校は、みんなで考えるからいろんな意見が出る。みんなで考えるから連帯ができる。そういう場所だと考えているので、私は、「一人の困りをみんなで考えて乗り越えていく」という方針を大事にしたいと考えた。いずれ、サラの願いを聴き取り、それをみんなで考えて、『自己責任』ではなく『援助』を、『孤立』ではなく『連帯』をという取組を考えていこうと思っていた。

4　二学期スタート

二学期スタートの会では、私が作成した一学期の振り返り動画を流し、子どもたちが二学期の見通しを持てるよう、パワーポイントも使って分かりやすく説明した。その後、夏休みの出来事を用いて『わたしはだれでしょうクイズ』を行った。二学期の目標を個人で書いた後、班対抗の絵しりとりの時間をとって班で遊ぶ楽しさを味わうことができた。太郎はルールを守って楽しんでいた。サラも絵を描くのは好きなのでゲームに参加することができた。みんなに二学期の目標を提案した。『いろんな人と交わって、学級の友だちのことを知っていこう』であった。全員賛成で決定した。今後は、この方針をもとに学級の取組を進めていくことを確認した。

係活動を活性化させるために意識して授業の時間を活用して活動したり、私も参加して意見を言ったりしていった。

サラは、音楽係になり、給食の時間に流すオルゴールの曲を係のメンバーと相談して決めていた。しかし、何がいいのかを言えずに聞いているだけであった。私は悩んだが、ひょっとすると筆談ならできるかもしれないと思い、私はサラに紙に書いてもってくるように言った。すると、サラは書いてもってきた。この時から、私とサラは筆談をするようになった。休み時間に私とサラで筆談をしているると周りに数人の女子がやってきた。その中でとくに、親切に関わってくれたのはユリだった。私とサラが紙に絵しりとりをしているとユリもやってきたので、一緒にしようと誘って3人でしていた。

私とサラが、紙に筆談をしている。その時に、私の言葉も書いて筆談をしていた。すると、何かなと思って子どもが寄ってきた。私とサラがどんな話をしていたのか、サラはどんなことを思っていたのかをその子どもらが軸となり、意図的に広めていこうと思っていた。しばらく筆談を続けてから、私はわざと席を外した。そうすると、なんと周りに寄ってきた子どもたちとサラとが筆談を続けるようになった。サラと子どもたちがつながっていったのだ。

そのうちに、ユリがサラと手をつないで給食の食器を返しに行ったり、体育の服装を一緒に着替えに行ったりするようになった。あるとき、私が、「だれと仲良くなりたい？」とサラに聞くと、サラは『ユリ』と書いた。そのことをユリに伝えると、ユリは嬉しそうにうなずいた。こうしてサラとユリの関わりは少しずつ増えていった。今までサラは、休み時間には自分の席に座ってじっと緊張していた。だれも話しかける友だちがいなかった。しかし、今はサラにはユリという友だちができた。これは、私にとっても大きな喜びであった。

太郎はスポーツ係に入った。スポーツ係はみんなにスポーツを教える係だ。そこでスポーツ係に声をかけた。

「クラスで一時間を使って、スポーツフェスティバルをひらこう。種目は、太郎のやりたいドッチボールと朝日のやりたいバスケットと春斗のやりたいリレーの三種目にする。でも、その前に、練習日を設けて、みんなにそれぞれの競技がうまくなるポイントを教えることにしよう」と話した。練習日の当日、太郎は朝の会で

「中間休みにドッチボールのことを教えるので運動場に来てください」

と言った。中間休みになり、みんなは運動場に出ていった。まずは、みんなが円になり、その真ん中で太郎と私で向かい合ってボールを投げ合った。太郎は投げ方と受け方の説明を行った。その後、みんなでボールの投げる練習と受ける練習をした。みんな盛り上がって一人一人がキャッチするたびに歓声が起こっていた。そして、当日、スポーツ係のメンバーの司会進行のもと楽しく終えることが

できた。スポーツ大会後の振り返りでは、太郎は「練習も本番もみんな頑張っていたので良かった」と書いていた。みんなは、「スポーツ係が頑張って教えてくれてうれしかった」などの意見を発表した。太郎らスポーツ係への拍手で幕を閉じた。

5　運動会でのソーラン、そして、サラとみんなとの出会い直し

運動会では、四年生はキッズソーランを踊ることになっている。最も支援が必要になってくるのはサラだ。サラはいつも体がこわばっている。何をするにも緊張してゆっくりと行っている。あの激しいソーランについて行くことができるのか、そして、どこまでできたらオッケーにするのかを悩みながらも練習をすすめた。

当初はサラには、レベルの高いできを要求しなかった。取り組み始めて二週間ほどたった時に、学級で話し合いを行った。議題は『みんなでうまく踊れるようになるには』だった。「気をつけるポイントを確認しよう」「テストをしてできているかどうか確認しよう」などの意見が出た。そこで、みんなで気をつけるポイントをかいて、紙にまとめてはることにした。さらに、各班で一つの技を決めて、それを実際に一人ひとりが技のポーズをとって写真にして掲示した。だれが、どんなポーズをするのかを話し合い、話し終えた班から撮影を行った。ここでも班での良い交わりができた。教室の中

にソーランに向けた雰囲気ができてきた。昼休みも練習がしたいという意見が出たので昼休みもすることになった。昼休み練習にサラは参加しなかった。

ところがある日、こんなことがあった。給食時間が終わり、ユリが私に聞いてきた。

「先生、今日はソーランの練習はするの？」

「どうしよっかな？　サラさんはどうするって言ってる？」

ユリはサラに聞きに行った。しばらくすると、ユリは戻ってきた。

「サラさん、やるって」

「じゃあ、やろう。サラがそう言ってるんだったら頑張ろう」

そう言って、ソーランの練習を始めた。うれしかった。他の子たちも参加して、練習は始まった。一学期までは休み時間にずっと一人で座っていたサラであったが、このころから、サラとユリと他の女子らは、数人で絵しりとりや体育の体慣らしで行った手押し相撲をして遊ぶようになった。

ユリはサラにことあるたびに一緒にソーランを踊って教えてくれていた。

運動会当日を迎えた。緊張しながらも子どもたちはそれぞれ精一杯踊った。太郎はキレキレで一生懸命踊っていたし、サラもいつも以上に体を動かしていた。運動会の振り返りでは、真剣に演技ができたと書いている子どもが多かった。サラは少しでも腰を低くすることを頑張ったと書いていた。感想を班で交流しあった。その後、各班からどんな意見が出たのかを班長から報告してもらった。「練習をして上手になることができた」「最初はうまくなかったけれど、みんなで練習して良かった」「教えてくれる人がいてうまくなれた」「頑張っている人を見て自分も頑張ろうと思った」などの意見が出た。

そこで私は「だれの頑張っている姿を見て自分も頑張ろうと思った？」と聞いた。

「春斗さん」という意見が出た。

「そうやな。春斗さんすごかったな。春斗さんの姿みて自分も頑張ろうと思った人？」

とみんなに聞くと、十人ほどが手を挙げた。

「他には？」

「ユリさんがサラさんに教えていた」

「そうやったな。ユリさん、練習の時も休み時間もサラさんに教えてくれてたな。サラさん、教えてもらってどうやった？　どう思った？　書いてみて」

そう言って紙とペンを渡した。みんなが見守る中、サラは鉛筆をもち書き始めた。

「ユリさん、教えてくれてありがとう」

サラはそう書いて鉛筆を置いた。それを私は読み上げた。周りからは、サラが自分の想いを書けたんだという驚きで拍手が出た。

「サラさん、よかったな。教えてくれる友だちがいて。サラさん、休み時間とか一人でいること多いけど、友だちはどうなん？　ほしい？　別にほしくない？」

これもみんなが見守る中、サラさんは「ほしい」と書いた。

「そっかー。やっぱりサラさんも友だち欲しいもんな」

これにも、「おー」という歓声が起こった。だれとも一切しゃべらないサラの想いを聞けたことにみんな感動しているのだと思う。もちろん私もそうだった。そして、さらに話を切り込んだ。

「じゃあ、サラさん、みんなにどうしてほしい？」

以前に、サラと筆談したときに、「友だち欲しいなら、サラさんも勇気もって自分の想いを伝えよう」と言っていたので、今がチャンスで頑張ってほしいという思いで私はせまった。

すると、サラは紙にゆっくりと鉛筆で書き始めた。

「あ・そ・び・に・さ・そ・っ・て・ほ・し・い」

それを私はやったーと言う思いで読み上げた。みんなも大きな拍手を送った。「サラさん、よく頑張ってみんなに自分の想いを伝えた。よくやった」

私は感動して、涙があふれた。次々と「サラさん、遊ぼう」という声が聞こえた。しかも、休み時間だけではなく、放課後に遊ぶということだった。こっそりと放課後の様子を見ていると、学校の正門で待ち合わせをして、リュックを背負って公園に行くサラらの姿が見えた。その後、母に嬉しい報告をすると、サラは、来週まで遊びに誘われたと嬉しそうに母に言っていたそうだった。うれしかった。母と共に喜び合った。サラとクラスの子どもとの出会い直しができた瞬間だった。

6　サラの願いをみんなで考えよう

ある時の班長会で、「最近、授業で発言する人が固定してきている。とくに、女子では発言する人が少ない」という声があがった。そこで発言の取組をすることになった。サラも含めてみんなが緊張せずに学校生活を送れるためにはどうしたら良いのかという問題にみんなで話し合いをすることにした。その理由には、私とサラとでこんな筆談があったからだ。

「声が小さくて困ったことある？」

「ある」

「困っているんだ。どんなこと？」

「言ってることとちがうこと言われる」

「なるほど。それは困ったね。そういうときどうしてほしい？」

「わからない」

「紙に書く方法は？」

「いいよ」

「じゃあ、そうしていこう。学校楽しい？」

「一緒に遊んでいるときが楽しい」

「学校に行くのが嫌に思うときある？」

「嫌いな授業があるとき」

「どの授業が嫌い？　国語？　国語のどんなところがきらい？」

「読むときや考える時があるから」

「声は出ないの？」

「出ない」

「声を出したい？　友だちとおしゃべりしたい？」

「したい」

「声が出なくてもサラさんは悪くないよ。このことみんなに話して相談してもいい？」

「うん」

「じゃあ、学級会で相談しよう」

このころになると、クラスは太郎を排除する雰囲気はなくなり、サラを特別扱いしているという雰囲気もなくなっていた。ここで、サラの悩みをみんなに話して、みんなで考えて乗り越えていきたいと思った。今までの筆談によって、サラへの理解も深まっているので、みんなは協力的に考えてくれると思った。

そして、学級会を行った。通算十四回目の学級会だった。まずは、いきさつを説明した。

「今日は、先生の相談に乗って欲しいけどいいかな？」

「いいよ、なになに」

「実は、サラさんが学校では緊張して、なかなかしゃべることはできていないけど、本当はサラさん、しゃべるようになりたいと思っています。そこで、みんなのちからを貸してほしい。サラさんもみんなに一緒に考えて欲しいと思っています。どうしたらサラさんはしゃべることができるようになると思いますか？」

まず一人ひとりが十五分ずつぐらい考えて紙に意見を書いていった。そのあと意見を出し合った。タブレットを持ち出して、緊張せずに話す方法を検索している子もいた。

つぎに、みんなで取り組めることとサラが取り組むことに分けて話し合った。

サラは「話せる人から少しずつ話す練習をしていくこと」、みんなは「1．遊び係がサラの好きな遊びを聞いて、遊びを企画する」「2．サラのことを知ってもらい共通の話題で話せるように、新聞係がサラのことについて調べて新聞をつくる」というものになった。

この話し合いの後に、ユリとエリが、サラを一緒に誘って遊んでいた。そして、私のところに来てユリがこう言った。

「サラさんとしゃべる練習をしていて、『あいさつからする』って言ったし、練習していた。それで、『つぎは先生にも言う練習する』って言ったはる（言っている）ので聞いたげて」

「こんにちは」とサラの声が聞こえた。サラの声が出た。

「聞こえたよ。自信もっていいよ。先生うれしい」

7 クリスマス会に向けての準備

学級会で話し合って二学期最後の取組としてクラスでクリスマス会を開くことになった。提案は、班長会を代表して太郎が行った。学級会では討論の末、みんなどこかのグループに入って発表することに決まった。グループは、動画チームとダンスチーム、クイズチーム、歌チームに分かれた。それぞれのグループは休み時間などを使い準備を進めていた。サラは、ダンスチームのカナに誘われて練習していた。太郎は、積極的に中間休みを使い、撮影と編集を行っていた。私もちらちらと見ながら楽しそうに撮っている姿に安心した。どこまで撮れているのかを確認するために、太郎に話しかけた。

「編集はどんな感じ？」

「うん、まあまあできてる。あとちょっとかな」

「そっか。だいぶしてるもんな。友だちとはどう？」

「『こうして』って言ったら、やってくれてる」

「いい感じでお願いしてるな。今の感じで完成できる？　それとも、クリスマス会の準備の時間を増やした方がいい？」

「時間が取れるんやったら、時間を取って欲しいかな」

「そっか。わかった。じゃあ、どっかの授業の時間を少しとるしな」

「うん」

「ところで、太郎は何回も撮り直したり、編集し直したりしているけど、どんな思いで編集しているの？」

「おもしろい動画をつくって、みんなを楽しませてあげたい」

「すごいな。みんなのためを思って撮っているんや。えらいやん。太郎の特技を生かしてみんなのためにしているんや。すごいな」

このことはぜひ、母に伝えようと思い、会いに行って伝えた。

「お母さん、忙しいところすみません。今日はぜひ、伝えたいことがありまして来ました。お話ししてよろしいですか」

「はい」

「二学期になりずいぶんと落ち着かれています。ケンカや暴力もほぼなくなりました。イライラしても落ち着くことが増えてきました。そもそもイライラすることもだいぶ減ってきました。

今日は、すごいことがあったんです。今、太郎さんはクリスマス会の動画編集にむけて、準備しているんです。太郎さんがカメラマンとなってみんなに指示を出して、そして編集をしてるんです。休み時間を使い頑張って撮っているんです。それで、今日、どんな状況か聞いたんです。すると、だいぶできているけど、もうちょっと時間が欲しいと言っていたので、授業の時間を少し削ってとることを話したんです。

その後に、どんな思いで動画を作っているのかを聞いたんです。すると、太郎さんは、『みんなを楽しませるため』と言ったんです。すごいですよね。すごい成長ですよね」

「そうですか。そう言ってたんですか。低学年の時は、イライラするとなかなかそれが抑えきれなくて、暴力をふるうこともありました。子どものことなので、うちが一方的ではないのに、うちのせいにされているところもあって……」

「それで、学校の指導に納得されてなかったんですね」

「担任の先生からいくつか病院を紹介されて『この中からどこかに行ってください』と言われて行きました。けど、心療内科なので薬を飲んで直すとかしたくなかったので。同じように多動の子どもを知っていて、低学年の時は落ち着きないけど、高学年になると落ち着いていくというのを知っているので、そこまでしなくてもという思いはありました。何度も病院にもいかなくてはいけないので、お金もかかりました。やっぱり、うちの子は悪く見られているんだというのがありました」

「そうでしたか。低学年の時には、落ち着きがなくて暴力もあったけれど、四年生になってからは落ち着いただけではなく、班長会として意見を言ったり、学級会で司会をしたりとかいろんな場面で活躍してみんなから認められて、今度は、みんなのために動画を編集して楽しませたいというところまで、変わられましたね。私も今日、そのことを聞いて本当にうれしかったです。お母さんやおばあさんの支えがあったからです」

「そんなことないです。今のクラスが好きで六年までずっとこのクラスのままが良いと言っています」

母は、涙を浮かべて言っておられた。太郎の母とも4月当初から何度も家庭訪問をして話を聞いていた。低学年から太郎が悪いことをしたら、その都度、電話がかかってきたということを母が言っておられたので、よっぽどのことがない限りできるだけ良いことを伝えていた。そのせいもあってか、母は少しずつ子育ての苦悩を話してくださっていた。そのため、太郎の成長は母にとっても大きな喜びであった。

私は太郎の「みんなのためにしている」という思いをなんとかみんなの前で伝えて欲しかった。そして、その機会をどう作ろうか考えていた。

クリスマス会では、はじめの言葉から始まり、それぞれのチームの発表、みんな遊び、終わりの言葉と盛り上がって成功に終わった。太郎は、動画を発表した。サラは、ダンスチームとしてたどたどしくはあったけれど、前で踊り切った。最後の振り返りは、班ごとに発表しあい、その中で太郎の動画の出来について良かったという意見が出た。

「太郎さんはどんな気持ちで作成していたの？」

みんなの前で太郎に聞いてみた。

「みんなを楽しませるために作った。三学期もまたつくるしな」

太郎はきっぱりと言った。サラは、紙に『がんばって踊った』と書いていた。

私の実践は出会い直しを通して発展していくことが多い。今年は〈子どもと私との出会直し〉、そして〈子どもと子どもとの出会い直し〉、さらに〈子どもが自分自身との出会い直し〉というテーマをもって実践を進めてきている。二学期までにいろんなところで〈子どもと子どもとの出会い直し〉の機会を意識して行ってきた。三学期は、子どもが自分の過去と比べたり、自分の良さや課題と出会ったりするであろう〈自分自身との出会い直し〉を行う機会をつくりたい。

解説

子どもとの「出会い直し」を重ね、新しい世界へ

❶ 中学年実践のポイントは

中学年の子どもたちは、低学年で獲得してきた身辺自立の能力や、外界への興味関心の高まりから、友達とともに様々な集団的な遊びを展開していく。そして、仲間との遊びやぶつかり合いの中でルールを決めたり決め直したりするようになり、そうしながら「ルールをつくるルール」を学び、大人から相対的に自立した自分たちの世界をつくってきた。これが少年期の発達課題であり、「集団的行動能力」の中心となるものである。

子どもたちがそのちからを獲得できることをねらって、班活動や学級内クラブに取り組み、居場所づくりや私的なつながりを拡げたりするのである。当然、教室には子どもたちがやりたいと思うことをやる自由や、ある程度までの失敗は許される寛容な雰囲気が求められる。また、子どもたちは自己

主張が強くなり、それがぶつかり合うとケンカやトラブルは日常茶飯事となる。それを他者の思いを知り自分の言動を振り返り、友達との付き合い方や折り合いのつけ方を学ぶチャンスと捉えて実践していくのである。

❷ トラブル頻発の中で方針を打ち立てる

新学期当初は太郎さんに関わるトラブルが頻発している。秦さんは授業時間を気にしながらも、子どもたちに事実確認をしてトラブルを解決していった。ここは重要で、子どもたちはトラブルが起きても担任の先生がきちんと解決してくれるという思いをもち、それは秦さんへの信頼感に繋がるからだ。太郎さんをめぐるトラブルが遊びの中で起きることから、遊びのトラブル解決を学級全体の問題として扱い「ひとりのことをみんなで考える」ようにした。そして、「これは認められるか否か」をみんなに問うてルールを作っていった。みんなで話し合って決めるという民主的な解決方法を続けた結果、トラブルは減っていった。

クラスには、もう一人の気にかかる子どもサラさんがいた。秦さんは孤立しているサラさんの思いを知り、彼女が（このクラスで良かった）と思えるようにしようと考えた。母親から成育歴を聴いた秦さんは、子ども同士で交わる機会が少なかったサラさんに、交わりの経験ができるようにと係活動を始めた。楽しい係活動を旺盛に展開していき、その取り組みを通してサラさんの課題に迫ろうとしたのだ。この取り組みによって、クラスでバラバラに過ごしていたサラさん以外の子どもたちも交わりの世界に誘うことにつながった。

❸ すぐれた個人指導の展開と集団指導の方針

太郎さんへの個人指導も優れている。何回注意されてもすぐにふざけて悪口を言ってしまう太郎さんだったが、京介への「いじり」が続いていることで、秦さんはこのままでは太郎さんにとって良くないと考え対話的な指導を展開した。まず、太郎さんの４年生になってからの変化を肯定的に認め、この先も変わっていけることを信頼していると伝えている。その上で太郎さんがふざけて悪口を言っていたことの中にある「願い」を見出して太郎さんに示し、肯定している。これまでは自分の思いがうまく伝えられず、結果として叱られて辛く悲しい学校生活を送ってきたことへの共感と、『これからは太郎さん一人でがんばらせない。先生も一緒にがんばる』という共闘の決意を伝えている。この対話は太郎さんに響いたにちがいない。太郎さんは涙を流して京介に謝り、それ以後太郎さんの暴力はほとんどなくなった。

一学期の「ひとりのことをみんなで考える」は、「一人の困りをみんなで考えて乗り越えていく」

に深化した。秦さんは今の学校を「『できないこと』を個人責任にして切り捨ててしまうことが多く見られる」と自己責任の考えが貫徹している学校を批判的に見ている。

「『自己責任』ではなく『援助』を、『孤立』ではなく『連帯』を」というのは、現代の学校のあり方を鋭く問う方針である。このことが後にサラさんの願いを聴きとり、それをみんなで考えていくことにつながっていく。二学期当初から始まった係活動の活性化は、太郎さんとサラさんの活動とつながりを広げ、居場所と出番をつくりだしていく取り組みとなった。

❹ つながり始めた子どもたち

サラさんは音楽係になるが自分の考えが言えずに聞くだけだった。その様子を見て、サラさんの考えが知りたかった秦さんは、筆談ならできるかもしれないと思った。サラさんに紙に書いて持ってくるように伝えたところ、サラさんは何がいいのかを紙に書いてきたのである。ここで実践は大きく転換した。秦さんとサラさんの間で筆談が繰り返されるようになり、秦さんはサラさんの思いをどんどん知ることになる。秦さんとサラさんの「出会い直し」である。感動した秦さんはサラさんの思いを他の子どもたちにも知らせたいと考え、ある時にわざと席を外すと今度は周りの子どもたちとサラさんが筆談を始めたのだ。サラさんと子どもたちがつながった瞬間である。子どもたちはこの時初めてサラさんは何も言わないけど、自分たちと同じように思いをもっているんだと知ったのだ。このことはサラさんにとっても初めて学級の子どもたちに自分の思いを伝えることができた出来事で、自分の思いを受け止めてくれる周りの子どもたちと出会えたのだ。

この後、サラさんはユリさんという友達を得て、それが支えになり運動会にも取り組むようになる。運動会のふり返りの話し合いの中で、秦さんはサラさんからユリさんへの「ありがとう」の文字（思い）を受け、サラさんから友達が「ほしい」という思いを引き出した。子どもたちからは歓声があがったと書かれている。そして、サラさんはみんなに対して「あそびにさそってほしい」という願いを出すに至ったのである。ここは「出会い直し」が深化した場面だ。出会い直しとは、彼／彼女の本当の思いや願いを知ることである。学級の子どもたちは、緘黙で孤立していたサラさんも、自分たちと同じように友達とのつながりを求めていることを知ったのである。

そして、発言の取り組みを機にサラさんのおしゃべり「したい」という願いをみんなで考えていくことになる。子どもたちが学級会でサラさんの「おしゃべりしたいけど声が出ない」という悩みについて話し合えたのは、サラさんの願いに共感していたからこそであろう。一緒に遊んだり、しゃべる練習をしたりする子どもに支えられて、サラさんは秦さんに「こんにちは」と小さくはあるが声を出すことができたのである。子どもにとって友達とのつながりがどれだけ大切かを象徴している出来事だと言えよう。

❺ 太郎さんの変化を生み出したのは

十二月のクリスマス会の準備中に、太郎さんは「みんなを楽しませてあげたい」と語った。「みんなのために」努力を重ねている太郎さんの言葉に秦さんは感激し、それを直接母親に伝えるために会いに行った。

母親との対話の中で、これまで太郎さんが先生や子どもたちから「悪く見られている」と思わされてきていることがわかる。太郎さんも母親もどれだけ辛く悲しかったことだろう。それが四年生になってからは、学級の中で居場所と出番を得て、安心して過ごせるようになったのである。太郎さんは自分への自信をもてるようになったに違いない。そのことは学級の他の子どもたちのことを考える余裕を太郎さんの中に生み出したのだろう。また、二学期に秦さんの「一人の困りをみんなで考えて乗り越えていく」という方針に基づいた学級集団づくりが展開されていく中で、太郎さんの中に「みんなで」「みんなのために」という思いが形成されていったのだろう。

（細田俊史）

転校生がやってきた！

鴨川昇吾

1　ショウタの転入

新学期開始前、校長室は重い雰囲気に包まれていた。ショウタの母親が来校し、管理職と学年担当予定の教師が同席して、これまでの話をじっくり聞いた。

「前の学校では、友達とけんかになっても、先生にちゃんと理由を聞いてもらえず、怒られていたことが多かったです。ショウタにも悪いとこはあるんですけど、ずっと何人かの子からばかにされ続けてきて……。それでだんだん友達もいなくなって、学級でもひとりぼっちになってしまいました。わたしたちもどうしたらいいかずいぶん悩みました。わらにもすがる思いで引っ越して、この学校にお世話になろうと思っています」

と、これまでの不満や不安な気持ちを話された。

「でも、この子が自分勝手なことやったり言ったりしたときはきびしく指導してください。そういう自分勝手なところがある子ですから」

とも念押しされた。

六年生になって転入してきたショウタ。前の学校では学級の子どもたちと楽しくすごすことができず、特に、少年サッカーチームの子たちとはトラブルを繰り返し、学級内で孤立を深めていった。担任の指導にもかかわらず状況が大きく変わることはなかったようだ。

ショウタとまわりの子どもたち、そして保護者どうしも含めて関係を立て直していこうと、校内では管理職も入った支援体制を組み、教育委員会も交えた指導が続いた。それでも、学級の中にショウタの居場所や仲間をつくることができず、このままではショウタが学校に行けなくなると不安を募らせた両親は、ついに転校を決心したのだった。

五年生からの持ち上がりの学級にショウタを迎え入れることが決まっていた。前の学校でトラブルを繰り返して孤立してきたショウタを学級の子どもたちは受け入れてくれるだろうか。また、おなじようにひとりぼっちになっていかないだろうか。ショウタとつながってくれそうなのはだれだろう……。これまで、このクラスにはショウタのような子どもはいなかったから、穏やかに五年生の一年間をすごしてきた。そんな子どもたちの関係も一気に変わっていくかもしれない。母との話を終え、この先の見通しが立たないまま、どんよりとした不安だけが残った。
ショウタの担任だった先生から彼のことや学級の様子を聞きたいと思った。電話をかけて連絡を取り、直接会って話を聞くことができた。ショウタは、少年サッカークラブの子どもたちとの折り合いが悪く、いつもけんかになっていたようだ。担任の先生は、子どもたちの話を公平に聞いて丁寧に指導してきたが、ショウタの両親には納得してもらえず、ショウタ自身も学級の中でずっとストレスを抱えていたそうだ。
前担任からの申し送りにはこんなふうに記されていた。

父・母・本人・弟の四人家族。少年合唱団・進学塾・テニス教室に通っている。学校での部活動はテニス。好き嫌いがはっきりしていて、興味のあることには熱心に取り組むが、そうでないものには全く関心を示さない。思っていることがそのまま言動にでるため、気付かないうちに周囲の者の気分を害することが多い。特に流行に敏感な女子グループとはしばしばトラブルになることがある。

これまでの生きづらさを抱えて登校してきたショウタはもちろん、母や父の思いも聞き取りながら関わっていくことが欠かせないと感じた。幸い、私は五年生からの持ち上がりである。クラスには温厚で人望もあるミナトがいる。ショウタのような個性の強い子なら、優しいハルヤやテニスつながりでソウヤなどが関われるかもしれない。この子たちとどう出会わせるかが新学期の鍵になるだろう。ショウタのことや家族のことが少しわかり、不安を抱えながらも少しワクワクして新年度を迎えた。

転入直後からショウタと子どもたちとの確執が始まった。ショウタは好きなことや嫌いなことなど思ったことを何でも言葉にし、相手が大切に思っていることでも簡単に否定してしまうので、とくに女子からひんしゅくを買うことが多かった。ファッション・ダンスなどで女子グループのリーダー的存在のアオイはショウタの無遠慮な言葉に反感を抱き、言い合いになることも多かった。

ある日、音楽の合唱の指導をしていた先生が子どもたちの歌声を褒めた。

「みんな、とっても素敵な歌声になってきたわよ。もっともっと声を響かせてね」

うれしそうに笑顔で応えている子どもたちの中でショウタが一言、

「でも、これくらいやったら前の学校の方がレベル上やで」

一瞬で子どもたちの表情がこわばる。誰も黙っていたが、明らかに

「こいつ、何言うてんねん！」

という表情のアオイたち。

一方で、身の回りの整理ができず、給食や掃除など当番仕事もよく忘れてしまい、学級の子たちか

ら疎んじられる場面も出てきた。

ショウタができていないことに敏感に反応するのは大好きなミナトに接近されてショウタの一挙一動が気になるケント。そして生真面目なミズキ。

「ショウタ、お前、今週給食当番やろ！」「なにさぼってんねん！」

とケントが不満をぶつける。

「えっ、そうやったん？」

ショウタが聞き返す。

「はよしてよ。給食遅れるし！」

ミズキの言葉も容赦ない。

「ハイハイ」

だるそうにエプロンを着るショウタ。サボるつもりはないのだが、周囲の者からはそう見られてしまうことが続いた。このままでは五年生で一年間かけて築いてきた子どもどうしの関係も壊れてしまいそうだ。まずはショウタがクラスで孤立しないようにすること。そのために、担任や子どもたちからの支援が欠かせないと考えた。

給食や掃除の当番が苦手なショウタには、毎週月曜日にその週の当番活動を伝え、掃除・給食当番の表に詳しく作業内容を書き込むことにした。当番リーダーには、ショウタに一声かけて仕事を始めるよう頼んだ。

ショウタの言動に反発するのはダンスクラブの女子たちだった。アオイは、よくショウタへの不満を訴えてきた。

「先生、またショウタが私たちのダンスクラブのこと、つまらないって言うてる！」

ショウタに事情を聞いてみると、

「だって、あんなん、ほんましょうもないわ。なにがおもしろいのかわからへん」

とそっけない。

「そやけど、自分のすきなこと、けなされたらいやなもんやで。ショウタだって、合唱やテニスのことバカにされたらいややろ？」

「べつに……。今までずっとテニスや合唱とかのことしょうもないって言われてきたし、気にしない」

「そうなんか。ショウタは自分の好きなことでいやなこと言われてきたんか？」

「はい」

「それは、かなわんかったやろ？」

「うーん、でも、いっつもやったし……」

「そんなことがずっと続いてたらショウタもつらかったやろ。でも、このクラスやったら誰もテニスや合唱のこと悪く言わへんで。だからショウタも他の人の好きなことやがんばってることはだいじにしてほしいんや」

「……はい」

納得しているようには見えない。前の学校で、自分の好きなテニスや合唱の話題を友達と楽しく共有することなく、否定され続けてきたのだろうと強く感じた。

興味をもったことにはとことん追究しようとするショウタの持ち味を学級の中に開き、彼に対する集団の見方を変えていかないとますます関係がこじれてしまう予感がした。しかし、ショウタは毎日のように習いごとがあり、授業が終わるとすぐに帰宅するという生活だったため、放課後の時間を友達と過ごすこともなく、子どもたちの中で彼の理解が深まるきっかけもなかった。

五年生のときのクラスは、友達に優しいミナトや活発なケントを中心とした男子グループと、ダンス好きのアオイを中心とした女子グループが中心のおだやかな集団だった。子どもたちのトラブルが大きな問題になるようなこともなかった。

そこに、前の学校で居場所のなかったショウタが入り、これまでの子どもどうしのバランスが一気に変わってしまうかもしれないという不安が募っていった。六年生の学習や行事の取り組みを通して、これから起こりそうなトラブルや問題を子どもたちと読み解きながら、学級・学年の自立の道筋をつくっていきたいと考え、学年の担任団で次のような方針を立てた。

①ショウタの言動でくすぶる子どもたちの不満を聞き取り、ショウタにわかりやすく返していき、彼が学級で孤立しないようにする。

②ショウタとの関わりで起きるトラブルを丁寧に聞き取って解決する過程を、子どもたち、特にリーダーのミナトやハルヤに開き、これまでのショウタの傷つきや寂しさに気づかせる。まだ学級に居場所のないショウタにとって、ミナトやハルヤのはたらきは欠かせない。

③修学旅行・運動会・学芸会を仲間づくり・自治的な集団づくりの柱に位置づけ、ショウタも巻き込んだ子どもたちの仲間づくりをめざす。特に、五月の修学旅行は、学級自治のちからを伸ばしていくための最初の行事として位置づけ、子どもたちの手で修学旅行をつくれるよう担任が指導・支援する。

2 修学旅行

総合の学習で、修学旅行のパンフレットづくりをすることにした。グループごとに修学旅行での見学先について学習していった。ここは、ショウタの得意な社会科の力をグループの中で生かせると考えた。

ショウタは科学館の案内担当になった。各フロアの展示内容を表にまとめ、メンバーに詳しく説明した。

修学旅行当日。ショウタは、科学館で自分の見たいところから次々と歩き続け，グループのメンバー（ミナト・ハルヤ・カホ・ミズキ）と別れてしまった。

その夜、宿舎で女子の二人が「ショウタのこと聞いて！」と訴えてきた。

「ショウタが一人で勝手にどんどん歩いていくし、私ら追いつけへん」

とカホが不満をもらすと、ミズキも

「ショウタがこんなんやったら、もう明日はいっしょにやっていけへん」

と不安そうだ。

ミナトとハルヤも呼び、いっしょにショウタから事情を聞いた。

「女子から話を聞いたんやけど、科学館でメンバーがバラバラになったんか？」

「いや。僕は時間に間に合うように、みんなを案内しようと思って歩いてただけやし」

「そうなんか。ショウタは班のみんなに見て回るところを教えてあげようと思ってたんか？」

「うん、そうやで。でも、気付いたら誰もいなくなってたん」

ショウタからみると、自分ではなく他の子たちが迷子になったというのだ。グループの五人を集め、それぞれの思いがすれちがっていたところを確かめ合った。明日は一日グループ活動だから、声をかけ合っていっしょに活動するように話した。リーダーのミナトには、「ショウタは、悪気はないけど、よかれと思って先に行ってしまうし、そのときは声かけてあげて」と頼んでおいた。

翌日の水族館では、ショウタのグループはまとまって行動していた。先に行こうとするショウタとそれを渋々追いかける女子を何とかつなぎ止めたのはミナトとハルヤだった。

修学旅行後の振り返りで、ミナトは

「ショウタがはなれへんよう、五分おきくらいに連れ戻したわ」

と笑いながら話していた。

ミナトにとって、ショウタはテニス部の中で、ただ一人全力で勝負できる相手になっていたが、女子からは「迷惑な転校生がやってきた」と映っているのだろうと思い、修学旅行を終えた安堵感はなく、益々気が重くなった。

十一月に開かれる学校対抗の駅伝交流会に向け、マラソン練習の参加者を募ることになった。放課後は習いごとで参加できない子どもが多いため、朝の始業前に練習することにした。運動の好きなショウタにも参加を呼びかけた。いっしょに練習できる仲間をつくってほしいと考えた。

参加者は学年のほぼ半数。ショウタは、ミナト・ソウヤ達とともにはりきって朝練習に参加した。練習は月・水・金の週三回。毎回、千メートル走の記録を計測したり、サーキットトレーニングを続けたりした。手つなぎ鬼などの遊びも入れ、練習の中でも互いにふれあうことのできるメニューを組み込んだ。駅伝練習という名目であったが、体を動かしてふれあうことの少なかった子どもたちに少年期の遊びを味わってほしいというねらいもこめた。放課後の忙しいショウタにとっては、授業以外で他の子たちと交われる貴重な時間だ。多くの参加者が互いに励まし合い応援し合いながら練習を続け、ショウタも、ここでは楽しそうにはりきって走っていた。ギクシャクしていた女子たちにもマラソンのときは応援の声をかけ、次第に励まし合えるようになってきた。不安の強かった一学期当初だったが、ショウタへの指導にも少しずつ見通しがもてるようになり、夏休みを迎えた。

3　夏休み明け

見通しは甘かった。家庭で過ごす長い夏休みは、育ててきたクラス集団の関係性が逆戻りする時期でもある。九月初旬の夏休み明け。兄弟でのけんかがきっかけで父親にしかられたことから激しく反発し、部屋にこもって学校を欠席。放課後、家に行ってみると、弟と二人でトランプをしていた。ショウタは夏休みの自由課題や少年合唱団の発表会のことなどを話してくれた。私は、登校を無理強いしないよう言葉を選びながらショウタの話を聞いた。

次の日も朝から部屋にこもって欠席。父との関係の他に、学校への不安もあるのではないかと父から聞いた。登校支援は続けるが、家庭でもゆったりと安心して過ごせる時間をつくってもらえるよう父に頼み、了解してもらった。

翌日も欠席。この日は父親が仕事を休み、朝から二人で将棋やトランプをしてすごし、始業から四日目にようやく親子で登校した。学校に入るまでの足取りは重かったようだが、休憩時間は教室でソウヤと将棋をして過ごしていた。

ショウタの様子について父親と話し合った。「ショウタは私になかなか甘えてこようとしません」「習い事が多くて学習塾は辞めたいと話しています」など家庭の状況を詳しく話してくださった。私からは、学校では自分のしんどさを吐露できる友達もなく、それも登校しにくい原因かもしれないと伝え、ショウタとクラスの子どもたちがいっしょに学び、活動できるようにしていきたいと話した。

ショウタの登校渋りを受けて、家庭では習い事を整理することになり、本人の希望により進学塾は辞めることになった。ようやく放課後の時間をソウヤやハルヤ・ミナトたちと過ごせるようになり、ショウタはすこしほっとしたようすだった。教室に残ってソウヤたちとおしゃべりしたり運動場で遊んだりする日が増えてきた。

4　運動会

運動会で六年生は組体操に取り組む。子どもの人数が少なくなってきたため、五・六年合同で取り組むことを模索した。五年担任の合意を得て、六年生で学年集会を開き、団体演技は五年生も入れて組体操に取り組むことを提案した。六年生全員の賛成でこれを決定。高学年集会（五・六年参加）を開き、五・六年合同で組体操に取り組もうという六年生の提案について、五年生の同意を得ることができた。高学年全体で組体操に取り組むことが決まった。

組体操実行委員会本部を六年生で組織。ミナトたちがリーダーとなって、毎回の練習の内容を担任と確認。運動会に向けた体育の授業は、実行委員会本部の議長が進行し、その日の練習内容に合わせた「めあて」を全員で考えた。授業の振り返りも、議長の進行で話し合い、次回の課題を確かめ合った。担任は、子どもたちが自分たちで学習を進められるようリーダーを支援することにした。

はじめは順調に技の練習をこなしていった。しかし、運動会間近になり、徐々に技の難易度が高くなってきた。難しい技に向き合うとき、ここ一番集中して取り組めないショウタ。技の確認をしている途中、地面に落ちていたピンポン球を友達に投げて遊んでいたのを指導者に厳しく指摘される。息を合わせていかないと、けがをするおそれもあったため、そこで練習を止めた。

アオイやカホなど駅伝練習でいっしょにがんばっている女子からも、あからさまに、「ショウタがちゃんとしぃひんから、練習できひんわ」と言われ、ショウタは何も言い返せずしょんぼりしていた。高学年全体としても、技が完成しないまま練習が続いたため、担任の判断で一度練習を中断することにした。

翌日の朝、父親から「組体操練習で怒られてへこんでるようです。今から、学校に行かせます」と電話連絡があった。

「ここはショウタのがんばりどころです。最後までやりきれるように学校でも支えていきますので、おうちでもショウタのがんばりを聞いてあげてください」

と伝えた。遅刻してきたショウタに話を聞いた。

「組体操練習のこと、気になってんの？」

「うん」

「いちばん気になってんのは先生におこられたこと？」

「……」

「女子に、きつくせめられたことか？」

「うん……。でも、あれは僕がやったことやし。せめられても仕方ない」

「そうやな。でも、自分だけあんなに言われてへこんだんやな。今日は、どうする？　練習ないけど。たぶん、六年で集まって学年集会やで。がんばれそう？」

「うん、がんばってみる」

これまでの課題やこれからの練習の仕方についての話し合いをもちたいので時間を取ってくれとい う組体操リーダー達の要求を受け、この日は五・六年それぞれで学年集会を開くことになった。なんとしても、ショウタに最後までやりきらせたいと考えた。リーダーのミナトとケントには、ショウタがもう一度がんばってみるつもりでいることを伝えた。

六年の学年集会では、「練習しているうちに、自分たちの姿勢がいい加減になっていた」「自分たちが五年生に提案して取り組んできたのに、みんなでいいものをつくろうという初めのめあてを忘れている」などの声が上がっていた。ショウタは「五年にも声かけてやってきたんだから、最後までがんばってやりたい」と話した。

この後、再度高学年集会を開き、五・六年互いにそれぞれの思いを確認し合い、練習を再開することになった。運動会当日まで残り三日だった。組体操リーダーのミナトとケントには、ショウタのがんばりを支えてくれるよう改めて頼んだ。

「ショウタのことやけどな、先生に怒られたり女子にきつく言われたりしてへこんでたけど、もう一回がんばるって言うてたし、ミナトとケントで引っ張ってくれへんか？」

「ええで。任せといて」

とミナト。

そこからは、全員で必死に練習に臨んだ。サッカーの試合で負傷し、ほとんどの技に参加できなくなっていたケントも、足を引きずりながら懸命に声をかけ続け、全員技のタワーを支えていた。

本番での演技は大成功。一つひとつの技に賭ける子どもたちの緊張感が会場にも伝わり、下級生や保護者たちから大歓声を受けた。フィナーレから退場の場面は、涙涙で互いのがんばりをたたえ合う五・六年生だった。

運動会の振り返りは、リーダーたちの頑張りを認める声が多く上がった。「最初順調だった練習が後半崩れそうになってきたけど、みんなでどうするか話し合い、最後はがんばりきれた」という声もあった。ショウタは「組体操本番はなにをしているのか覚えていないくらい、必死でやった」と話していた。ミナトは「みんなの思いがひとつにならず、このままでは組体操をしても意味がないと思った。もう一度自分たちを見直し、五・六年でどう取り組むかがはっきりした。本番直前にはみんなが一人ひとりを認め合っているとわかった」と結んだ。

5　小学生音楽会

運動会の取り組みと前後して、市内の小学生音楽会（合唱）に参加することにした。合唱はショウタの力を学年の中で生かす活動であり、ここから学級・学年の中での彼の仲間づくりを広げていきたいと考えた。ショウタにはあらかじめパートリーダーに立つよう伝えた。

「今度の合唱なんやけど、六年生がうちの学校背負って参加する音楽会や。でも、合唱のことは先生も素人やし、あんまり詳しくないねん。だから、ショウタにぜひパートリーダーになってほしいんや」

「いいですよ。それやったら僕やります」

「そうか！　ショウタがリーダーしてくれるなら、先生、めっちゃうれしいわ。みんな、こんな大きい音楽会に出たことないし、ショウタ、わかりやすく教えてあげてな」

「はい……。でも、わかりやすく教えるのは苦手ですけど」

ショウタはアルトのパートリーダーに立候補し、学年の子どもたちから拍手で承認を受けた。練習が始まった。少年合唱団で練習を続けているショウタの指示やアドバイスは具体的で的確だった。指導者（音楽専科）がアルトパート練習の指導をするときは、ショウタがソプラノパートの練習指示に入るよう頼んだ。ショウタはこれも引き受けた。

自身が合唱団に入っていることをこれまで誰にも話さなかったショウタだが、このころようやく合唱団で活動していることを学級の友達にも話すようになっていた。

ショウタは、歌うことの苦手なケントやソウヤにも丁寧に教え、二人もその思いに応えようと熱心に練習を続けた。合唱を始めた頃は、歌声に張りがなくどことなくこもった歌声だったのが、少しずつ響き合うようになっていった。音楽会当日は学校で朝に練習をしてから会場に向かった。休日であったため、塾などの習い事を途中で切り上げて現地に集まった者もいた。本番、子どもたちの自信にあふれた歌声がホールに響き渡った。

学校に戻って振り返りをした。「歌うまで不安でいっぱいだったけど、合唱しているうちにすごく楽しくなってきた」「自分たちの歌声がホールいっぱいに響いて気持ちよかった」「私たちがこんなに歌えるなんて思っていなかった」と、自分たちの成長をかみしめるように話す子どもたちだった。ショウタもうれしそうに「みんなで合唱できて、すごく楽しかった」と振り返った。

ずっと続けてきたのにひたすら黙ってきた合唱の楽しさを伝え、いっしょにホールで歌うことができた経験はショウタの仲間づくりをまた一歩前に進めることになった。

一学期から続けてきたマラソンの取り組みは、教職員の承認を受け、十月からは毎朝の練習になった。また、本番で走る駅伝交流会コースの河川敷での練習も始めた。

学校から歩いて河川敷に通い、放課後の時間をいっしょに過ごすことが増えてきた子どもたち。互いに励まし合って練習しているうちに、なにかと折り合いの悪かったショウタとカホ達が楽しそうにしゃべっている場面が多くなってきた。同じめあてに向かって努力している者どうしのつながりは特別だ。また、広い河川敷でのびのびと遊べる時間を共有できることも仲間づくりには大切なことだと感じた。

駅伝交流会当日、ショウタはミナトたちとともに選手として必死に鴨川のコースを走りきった。マラソンには参加していなかったケントも学年の応援団を率いて、大声でショウタたちに声援を送った。子どもたちは自分たちの力を出し切ってたすきをつなぎ、交流会を終えた。

交流会終了後、今後の活動をどうするのか、マラソンメンバーで話し合った。これまで集団登校のリーダーとしての仕事が十分出来なかったので、これからは練習回数を元に戻すべきだという主張と、ここまでがんばってきたんだから卒業まで毎朝練習しようという主張がぶつかり合った。その中で、ショウタは、卒業まで毎朝このメンバーで練習したいと何度も訴え続けた。それは、学級の子どもたちへの興味を示すこともなく、自分の思いだけでひとりさまよっていた彼とは別人のような姿に見えた。マラソンの活動がショウタの居場所になっていたことを改めて感じた。

マラソンをどうするか、この日は決着がつかず、二日間にわたる議論の結果、「毎日やりたいけど、集団登校のリーダーとしての仕事もだいじやし、週三回にしよう」ということに落ち着き、朝マラソンは週三回に戻すことが決まった。これからの活動方針を決めるのに時間はかかったが、自分たちのやりたい活動をどう続けていくのか、議論して決めるちからが伸びてきた。頼もしい六年生に成長したと思い、とてもうれしかった。

6 学芸会

運動会が終わると、学芸会の準備に入った。組体操の学習で、実行委員会を立ち上げて計画・進行していった経験があるため、今回は発表のめあて・内容から子どもたちで考え、学年自治の力を伸ばしたいと考えた。また、学芸会はショウタに対する周囲の子どもたちの見方を更に大きく変えるチャンスでもあった。

学年集会を経て、発表会のめあてを決定。合唱・合奏・群読を合わせた発表をすることになった。台本作成委員会を組織し、発表の構成を考えた。ショウタ・ハルヤ・ミズキが台本作成委員会に入った。表現のテーマは、『〜わ〜仲間と共に』となった。台本作成委員会で発表会の構成やセリフの原案を作成し、学年集会を開いて全体で修正・承認をとりながら、本番に向けた準備を進めた。

台本作成委員会は、委員長のミズキを中心に毎日給食時間に会議室で集まり、昼食を取りながら提案の準備をした。ミュージカルの好きなミズキが台本の骨格を考え、ショウタがそこに合唱と合奏を組み入れる構成を考えた。給食時間の台本作成委員会は本番直前まで続き、三人のおしゃべり場にもなっていった。子どもたちにぴったり合った文化活動が仲間づくりにも欠かせないことを実感した。

音楽専科の先生と相談し、ショウタにはクラッピングのリーダーを頼むことにした。ショウタは二つ返事でこれを受け、難しいクラッピングの指揮をすることになった。小学生音楽会の成功経験から、ショウタの指示が難しくなりすぎないよう声をかけた。

「まず、いいところを見つけて伝えること。次に、すこしがんばればできそうな課題をひとつだけみんなに伝えながら練習しよう」

「はい」

「合唱の練習でも、ショウタがんばってたし、また頼むわ」

「はい、やってみます」

ショウタとは練習後にも演技の進行状況を確かめ合い、本番に備えた。

運動会のときとくらべると短期間の活動だったが、それぞれが互いのがんばっている姿を意識することを確かめ合いながら、感動的な発表会をつくり上げた。

振り返りの中で、ショウタは、一人ひとりの名前を挙げて友達の歌声のよさを語っていた。また、自分自身についてはクラッピングの成功をあげ、どうすればもっとみんなをサポートできるかということが課題だと話していた。ショウタには、「リズムが早くなりがちなところを、ショウタが自分たちに合わせてリズムをとってくれた」という声が子どもたちから上がった。

ミナトは「今回は最初から全て考え、何が足りないか、どうしたら自分たちのやってきたことをうまくだせるか話し合ってきた。本番ではみんなでリズムを合わせて群読や演奏ができた」としめくくった。

学芸会では、ショウタのがんばりを見つけ、それを伝え合える者が出てきた。自分のことだけでなく、友達の姿にも目を向けられる子どもが増え、六年生の成長を肌で感じた。

7 卒業に向けて

冬休み前、卒業までの主な行事や活動・学習について、担任団で方針を立てた。

一月から卒業文集づくり。二月に平和学習・児童会の校区内ウォークラリー・卒業遠足。三月には六年生を送る会と卒業式があり、六年生全員がそれぞれ行事・活動ごとに分かれて実行委員会本部を立ち上げることにした。これらの学習を小学校生活の総括として考え、子どもたちの手で自治的な活動を展開できるよう、担任は後方から支援していく方針となった。

一月に入ると、卒業アルバム制作委員会が毎日開かれるようになった。過去数年分の卒業アルバムを参考にしながら学級・学年のページづくりを考え、学年集会で編集方針の原案を提案し、承認された。

ショウタはハルヤたちといっしょに卒業遠足担当になった。しおりづくり・座席割・バスレクなどを考え、学年集会で提案するため、彼らも毎日のように集まっては論議を繰り返した。ショウタは卒業遠足担当のリーダーになったが、自分で提案・進行の両方をやろうとして、メンバーの中でうまく合意がとれず、悶々としていた。いらいらしていたショウタの思いを聞いてみた。

「なんか、打ち合わせ上手くいってへんみたいやけど、どう？」

「みんなちゃんと話、聞いてくれへんし、レクとかやるって決めてもなんも考えてこない」

「みんなはなんでショウタの話を聞いてくれへんの？」

「わからへん」

「ショウタ、係の中で打ち合わせるとき、自分一人が提案も司会もやってへんか？」

「……うん、やってる」

「話し合いの仕方はこれまで何回も練習してきたやろ。提案と進行を同じ人がやったらうまくいかへんかったやん。運動会のときも学芸会のときも、提案者とは別に司会・進行を立てて決めてきたやろ。卒業遠足の進行も同じやで。ショウタが提案するんやったら、進行はハルヤにまかせてみたら？みんな、話を聞いてくれると思うで」

「……はい、やってみます」

ショウタ達は、提案した座席割りの案を学年で否認され、つくり直すことになったり、経験の少ないバスレクの準備に手間取ったりしていた。それでも、学年集会で遠足説明会を開いたり、ハルヤがプレゼン用の資料作りにも取り組んだりした。

遠足説明会では、行き先の法隆寺・東大寺・奈良公園など見所を紹介し、当日の持ち物や約束事の提案までして学年の合意を得ることができた。春の修学旅行のときは担任が提案・指導していたことを卒業前の今、自分たちですべてやりきった。

卒業遠足当日。ショウタは自分がグループのメンバーを案内するんだと意気込み、一人で先頭を歩いていた。修学旅行のときもそうだったことを思い出した。ミナトとミズキが「またやー」と笑ってショウタの後を追いかけていた。

解説

自治的活動を通してつながった子どもたち

❶ 高学年実践の課題とは

コロナ禍になる前から学校は息苦しいところになっていた。子どもたちも教師も「学校スタンダード」と呼ばれる有形無形の「きまり」や「やくそく」にがんじがらめになっていた。しかも、学力テストに象徴される能力主義や競争主義の教育は、強化されることはあっても決して緩められたりはしない。このような小学校で過ごす中で高学年の子どもたちは、自分が思っていることがあってもそれを表に出さない（出せない）ようになっていった。それは自分らしく生きられない苦しみであり、その苦しさをわかってもらえない辛さになっている。

そんな高学年の子どもたちにとってどんな実践をすることが課題なのだろうか。一つは、子どもたちの言葉にならない思いや行動の中で表れる思いに気づき、それに丁寧に応答することだ。「どうしたの？」「何かあったんじゃないのか？」という柔らかな応答から対話を始め、その中で子どもたちの辛さや悲しみに共感して子ども理解を深めていきたい。同時に学級に活動をつくり出していく中で、一人ひとりの子どもに居場所と出番がもてるようにすることも忘れてはならない。「自分は独りじゃない」とか「自分にもやれることがある」という思いをもつことは、この時期の子どもたちには必要である。そして、その活動をつくりあげていく全ての過程で、自分たちのことは自分たちで決めるという原則を大切にしながら自治のちからを育てていきたい。

❷ この実践の難しさ

この実践の難しさは、学級が一年間順調に進んできて既に「できあがっている集団」の中に孤立していたショウタさんが入ってきたことだ。もちろん転校という選択肢を選ばざるを得なかったのであるから、前の学校でのいじめはショウタさんにとって相当辛い経験となっており、もしかしたらトラウマにもなっているかもしれない。ショウタさんをいじめから守りたいと転校を決意された保護者の思いも相当なものだ。同時にそれを受け入れた学校としては大変重い状況を抱えたことになる。ゆえに新学期開始直前の校長室が「重い雰囲気に包まれていた」のである。鴨川さんが「ショウタさんを学級の子どもたちは受け入れてくれるだろうか」「ひとりぼっちになっていかないだろうか」「つながってくれそうな子はだれだろう」と、見通しが立たずに不安になったのも当然である。

前担任に直接会いに行ってショウタさんについての情報を集め、鴨川さんはショウタさんのこれまでの生きづらさに共感し、ショウタさんだけでなく保護者の思いをしっかりと聞きながら関わっていこうと構想したのだ。その時に頭に浮かんだミナトさん・ハルヤさん・ソウヤさんが後に鴨川さんと一緒に実践をすすめていくことになる。この点は、五年生の一年間で指導されている鴨川学級の「強み」だったと言えよう。

❸ トラブル続出からショウタさん理解、そして指導方針の明確化

新学期早々、ショウタさんは予想通りにトラブルを起こす。思ったことをなんでも口にして否定的なことを言ってしまうのはショウタさんの特性なのか、転校生ならではの自己防衛なのか。トラブルの連続に鴨川さんは「このままでは五年生で一年間築いてきた人間関係も壊れてしまう」のではないかと危機感を覚えた。それ以上に恐怖だったのは、ショウタさんが前の学校と同じように孤立してしまうことだ。そのためには担任と子どもたちからの支援が必要であると考え、担任からはショウタさんに当番活動について詳しく説明し、当番リーダーからは声かけを頼んだ。ダンスクラブを否定してもめごとを起こしたショウタさんの気持ちを知ろうと対話した時、前の学校では自分の好きなことの

話題を友達と楽しく共有することなく否定され続けてきたのだろうと強く感じた。鴨川さんはショウタさんの孤立感と自己否定感の強さを知り、ここからショウタさんを救い出したいと考えた。そのためには学級の周りの子どもたちとショウタさんとのいい関係を築き、ショウタさんに対する見方を変えなければならないと決意したのである。

このことが八二ページに書かれている方針にまとめられた。一つは、トラブルの時にショウタさんと周りの子どもの間に介入して、互いの思いを聴きとりショウタさんにうまく伝えて孤立しない方向に導いていくということだ。二つ目は、起きたトラブルの解決する過程をリーダーであるミナトさんやハルヤさんなど子どもたちに開き、ショウタさんへの理解が拡がるようにしたこと。三つ目は、年間を通した自治的活動の流れの中にショウタさんを巻き込み、さらにショウタさんが活躍できる場（出番がある場）としていこうとしたことだ。その後の実践は、この三つの方針に沿って展開されていく。

❹ 行事を通して

取り組み第一弾は修学旅行で、ショウタさんとともに行動する班でリーダーのミナトさんとハルヤさんの二人と組み、サポートと同時に理解をすすめようとした。この二人は後々までもショウタさんといい関係を結ぶことになる。年間を通しての継続した取り組みとしては、駅伝大会に向けた練習会を取り入れた。運動のできるショウタさんの良さを引き出せ、練習の中で周りの子どもたちとの交流が広がることを願ってのことだったのだろう。その結果、対立しがちだった女子とも次第に交流できるようになっていったと書かれている。子どもは活動をすることを通じて、つながりをつくっていくのである。

二学期に入り運動会の取り組みが始まる。ここでは詳しく述べられないが、今日鴨川さんのように運動会について教師だけで勝手に決めず子どもたちに提案し、討議を経て決定させて取り組んでいることは大変貴重で大事な実践のあり方である。運動会の練習の中で、ショウタさんは成長している姿を見せた。ピンポン玉で遊んでいて教師に叱られてへこむのであるが、鴨川さんの語りかけに対してショウタさんは開き直ることをせずに素直に女子に責められたことを自分がやったことだから「責められてもしかたがない」と自省し、鴨川さんの今日はがんばれそうかとの問いに「うん。がんばってみる」と気持ちを切り替えているのだ。この姿ひとつでショウタさんが行事の取り組みの中で友達との交流があり、友達のことを大切に感じているからこそ自分もみんなと一緒に頑張ろうと思ったのだろうなと感じる。そして、練習の中で鴨川さんはミナトさんたちにショウタさんを支えてくれるように頼み、ミナトさんたちもそれに応え、ショウタさんは「本番は何をしているのか覚えていないくらい必死でやった」のである。あれだけ、孤立感を抱えていたショウタさんが、友達の存在を感じ、友達と一緒の空間の中でやりきることの喜びを感じるまでに変化したのである。

❺ 音楽会、その後

その後の音楽会や学芸会でもショウタさんの出番を準備して、ショウタさんは特技を生かし行事の中で活躍する。そのことは更にショウタさんの自信につながっていった。行事を通した取り組みは卒業関連行事まで徹底して行われ、子どもたちの自治的なちからの高まりの中でショウタさんも提案する側に回るまでに変わり、卒業遠足を自分たちのちからでやりきるまでに成長したのである。

鴨川さんの方針通り、子どもたちの自治のちからを育てる中でショウタさんは周りの子どもたちと交流しつながりをつくった。その中でショウタさん理解が広がり、転入当初に孤立していたショウタさんは学級の中で出番と居場所を感じ、友達の存在を実感しながら小学校最後の大切な一年間を宝物のようにして卒業していったにちがいない。

（細田俊史）

第2章

葛藤激しい思春期

七分の通学路

兼田　幸

1　校長室での出会い

「この水槽、メダカがいっぱいいいるね」

本当はメダカになんて興味がない。私も、おそらく雪も。でも、この場で唯一、気を紛らわすことのできるものが、これしか見つからなかった。ここは、校長室。重々しいソファとテーブル、壁には歴代の学校長の写真がずらりと並ぶ、無機質な空間だ。私の目の前には、学校長と学年主任、そして怪訝な表情をした雪の母、退屈そうな雪がいる。明日は、砂山中学校の事前登校日だ。そして、明後日は入学式。新一年生を担任することになった私は、この春ここへ赴任したばかりだ。

今、メダカを見ている深見雪という女子生徒は、小学校にほとんど通えていない。透き通るような白い肌と、真っ黒なロングヘア、涙袋がくっきりとした大きな瞳が印象的で、とても愛らしい。けれど、瞳の奥の陰りが気になる。大人しかいない、この状況。きっと警戒しているだろう。それもそうだ。雪の母が露わにしている、学校に対する強い不信感や入学への不安が、雪本人に影響しないはずがない。今の状況を打開するためには、私がどのように雪へ対応するのか、母に直接お見せして、少しでも不安を軽減するしかない。しかし、正直なところ私は、こんな風に雪と出会いたくなかった。

今朝、私たち新一年生担当教員は、事前登校の準備に慌ただしく動き回っていた。そんな折、急きょ管理職に招集され、一方的に担任交代を告げられた。学年での会議決定が、学校長の一言で簡単に覆ることに驚き、私たちは唖然とした。学校長は、

「すまんなぁ。私の対応に不服だった深見の母親が教育委員会へ電話し、異議を申し立てたらしい。……こちらとしては、少なくとも担任は希望通り女性にしておいて欲しい」

と言って立ち去った。

入学前の事前相談を設けている砂山中学校では、春休み中に保護者が面談に来ることがよくあるそうだ。雪の母はその面談の場で〈小学校では、登校できたときは、自分も一緒に授業を受けていたから、中学校でもそうさせて欲しい。雪が教室に入ることが無理な場合は、全ての時間、別室を設けてほしい〉と、言ったそうだ。そして、その面談での学校長の否定的な態度に腹を立て、教育委員会へ

抗議の電話をした、という流れであったらしい。

学校長が出て行ってから、学年の女性教員は、困った顔で俯いたり、そんなこと急に言われても困るとおもむろに腹を立てたり、驚いてきょとんとしていたりした。そして、学年のなかで比較的経験年数の長い三十代の私に、白羽の矢が立った。

その後は、記憶を失うほど怒涛だった。学級担任の載った掲示用の名簿や、教室配置、その他諸々すべてが変更になった。一つのパズルが組み変わると、玉突きで様々なことを一挙に変更せざるを得ない。だからこそ、前年度から、いかに新学期に向けて緻密な準備をしておくかが重要だ。不承不承ながら、明日にはもう登校してくる新入生のためだと、それぞれが役割を果たそうと動いた。

しかも、そんななかで学校長は、夕方には深見の母と面談を持つから、同席するようにと言い出した。翌日の事前登校までに、こちらの姿勢を見せ、お詫びしておこうと考えていたようだ。さらに、私のことは、まだ担任だとは伝えられないが、暗に担任だと理解させ、安心させようということだった。

私としては、まだ会ったことのない雪を安心させたいとは思うものの、それが今なのか、果たしてこの形式でよいのか……思案する間もなく、腑に落ちないことが多過ぎて、消化不良を起こしていた。そもそも、事前面談で女性担任希望だと言っていたはずだ。そのことを丁寧に受け止めていれば、こんな変更は必要なかったはずではないか。その要望を軽く受け流していたのはなぜか。面談は何のために行うのか。そして、なぜ教育委員会が絡んでくると、こうも対応がオーバーになるのか。こんなにもやもやした気持ちで、雪と出会うことになるなんて、本当に最悪だ。それでも、夕方の出会いの瞬間は、あっという間にやってきた。

校長室で私が初めて雪に声をかけたとき、雪が目線を少し水槽の方へ動かしたので「見てみよう」とソファから立ち上がって、水槽の前へ誘った。校長室の入り口付近の水槽の前で、メダカを見つめる雪に「生き物は好き？」と尋ねた。

「えっと、犬を飼ってます」

と、雪は伏し目がちではあったが、はにかむ表情で教えてくれた。

「急に校長室に来て、大人ばっかりで話されても、よくわかんないよね」と私が小声で言うと、こくりと頷いた。私は母親の顔色を窺い、何度も頭を下げる大人の姿を、雪には見せたくなかった。学校長と主任に、雪の母とのやりとりは委ねることにした。

その後の校舎案内も、どんどん進んでいく大人たちの少し後ろを、私と雪は犬の話をしながらゆっくり歩いた。

「私も、この学校に来たばかりなんよ。だから、校舎も教室も、何もかも分からんことばっかり。ちょっと頼りないやろうけど、これから一緒に知っていこうね」

と伝えた。雪の集団生活への不安を考えると、急にあれこれ説明して情報を増やすより、ゆったりスタートする方が良いと考えていた。反応は悪くなかったかな？　という印象だった。翌日からは、案の定、雪の母からの電話が一日に数回鳴り続ける日々が始まった。

2　舞い散る桜と晴天

翌日の事前登校から、雪は集合時間をずらして登校した。母がピッタリと手を繋ぎ、雪の傍に付き添わないと不安がって動けない様子だった。母子分離への不安がかなり強いことが分かる。しかし、その姿は中学一年生の子ども集団から見るとあまりに幼く、その姿を晒すことで雪の異質さが際立つのではないかと私は懸念していた。そこで、無理に引き離すことはせず、他の子どもたちと鉢合わせしない時間帯を伝え、待ち合わせの場所を決めた。雪と母には、そこで待機していただき、私が必ず迎えに行くようにした。

雪の怯えた表情から、事前登校に来ている新一年生と合流して体育館に入ることは難しそうだと判断し、誰もいない教室で、副担任の宮城先生と二人で、教室に飾るお花を作って待っていて貰うことにした。宮城先生は今年度から、初めて中学校に勤務された若い女の先生だ。保健室で待機することもできたが、あえて教室にしたのは、今後過ごす場所を知っておいて欲しかったからだ。また、新任の宮城先生の教師っぽくない素朴な仕草や、たわいのないお喋りが自由にできる空間が、今の雪にとって最も安心できる場に違いないと思っていた。

全体の事前登校指導を終えた私は、二人のいる教室に戻り、「いっぱい作ってくれたね。ありがとう」と声をかけ、雑談しながら、二人で作ってくれたお花を黒板の縁に、一つひとつ丁寧に張り付けて飾った。すると、不思議とおんぼろの校舎と教室に愛着が湧き、人の温もりが感じられるようになった。「いい感じになった」と三人で拍手して喜び合った。

母は、入学式の当日は「保護者席で雪と式を見学する予定だ」と言った。「それなら、せっかくなので式が終わったら、退場してくるみんなより一足先に、宮城先生と教室の隣の空き教室に移動して待機しませんか」と誘った。「もし、見られそうなら、写真係の宮城先生にくっついて、学級開きの様子を廊下からこっそり覗いてみてください。さらに上手くいけば、最後に写真撮影する際のどさくさに紛れて合流し、みんなと一緒に記念写真を撮りましょう」と、雪がお花を作ってくれたときの雑談で、三人で一緒に考えていた作戦を、改めて母にも伝えた。

実際にその作戦が上手くいくかどうかは、私も宮城先生も半信半疑だった。しかし、入学式を保護者席から見学し、そのまま帰宅してしまうよりも、待機していてくれたら、雪のための学級開きを私と宮城先生と母の四人でやり直すことだってできるので、雪にとってマイナスになる要素がない作戦だと考えていた。

私たちの心配をよそに、雪は自然とみんなのなかに合流し、見事にピース姿の写真を残すことができた。そして、そのまま、流れ解散にしたので、透き通った青空と桜の舞い散るグランドで、小学校の頃の知り合いとも合流し、笑顔で数枚の写真を撮ることができた。そのときの写真を眺め、私たち四人は後日、何度も喜びを分かち合った。

3　雪の事情

雪の母は当初「全ての時間、別室登校」を希望されていたが「授業はすべて見学から始めよう。今の雪にとって最も大切なことは、同世代の友人との関係づくりだ」ということを、雪本人と母の双方に私から伝えていくなかで、雪の母の考えは少しずつ変化していった。そして、時間をずらして登校し、タイミングを見て学級に合流し、雪は特別活動や総合の時間を中心に、学級のなかで過ごせるようになっていった。

雪の事情である「過敏で疲れやすく、小学校ではほとんど欠席していたこと。中学校ではまず見学から始めて参加できることを増やしていきたいと思っていること。特に漢字を知らないことから文字を書くことには強い抵抗があること。もし、読んだり話したり書いたりできなくても、参加して、みんなの話を聞いていることに意味があるから、そっとしておいて欲しいということ」について、雪と母の了承をとって、私から新学期すぐに、学級の全員に話して伝えた。すると、雪のことを知っている生徒たちが集まってきて、

「雪は、小学校のとき家庭科の料理が上手だった」

「体育の球技を、楽しそうに見学していた」

など、色々教えてくれた。班長会でも、雪への配慮として「先生に近い前の方の席がよい・相談しやすいように女子の人数が多い班にしよう」など具体的な意見が出ていた。班長会では、他の生徒のことについても、日常的に話し合っている。そうやって学級に雪の事情を開いておくことで、教室に入ろうと葛藤している雪の思いを理解し、フォローしてくれるメンバーが増えることはもちろん、雪の行動が、他の生徒たちの目に「ずるい」と映ることはなかった。


また、教科担当の先生方が、よかれと思い声を掛けてくださったとしても、できていないことをみんなの前で指摘されることは、人一倍敏感な雪にとって致命傷になりかねない。だから、早い段階で、全教職員に会議や研修会の場での周知を図った。しかし、すでに担任入れ替えの噂は学校中を駆け巡り、雪の母を知らない教職員はいない状況だったので、こちらが拍子抜けするほどあっさりと、雪への対応は了承された。

4　濡れた髪と金一封

雪の母は家庭訪問を好まないきらいがある。その様子を察して、初めは一日に何回も鳴る電話に応答することを続けた。まずは母のペースに合わせつつ、次の連絡内容や約束を作っていくなかで、何をどのように不安に感じていらっしゃるのかを把握していった。根気のいる作業だが、それなしには雪の登校を生み出すことはできない。何度も校内放送で呼び出され、私が遠く離れた職員室へ電話を取りに走っていく姿は、クラスの風物詩となっていた。班長の心たちも「がんばれ～急げ～」とか言いながら、呑気に手を振ってくれる。小学校の頃は、雪の傍を離れず一緒に授業を受けていた雪の母が、中学校では雪自身が「やめて」と言ったことと、私の雪への対応に信頼を寄せてくださったことで、学校生活について全面的に任せてくださるようになった。

もちろんその分、見ていない時間の内容を事細かに全て把握しておきたい母の電話の質問は、「そんなことまで尋ねるのか」と思うようなことが多かった。あるときは、理科室の椅子（スツールタイプ）に背もたれがないことについて、座り心地が悪く何とかならないかと話された。「十年近く中学校に勤めているのですが、一度も考えたことがありませんでした。そういえば、私が中学生だった頃からあの椅子ですね。何で、理科室と言えばあの椅子なんでしょうね。少し時間をください」と私はその場で返答した。そして、そもそもなぜ背もたれがないのかを調べ「実験中にすぐに身をかわすことができるために背もたれがない」と理由を伝えた。そして、「安全上、実験用の椅子は変えられないが、理科の宮城先生の傍なら、別の椅子に座って授業を受けることはできる」と、別の選択肢を提案した。グループでの実験への参加が難しい雪は、宮城先生の横にちょこんと座り、理科の授業を聞くこともあった。

雪の母は、雪が家で話すことについて、何とか事前に雪の周囲の環境を変化させようと苦心されることが多かった。雪にとって本当に必要な配慮とは何か。また、私と母で先回りしてしまうことで「雪自身がしっかり葛藤するチャンスを、先に摘み取ることがないようにしましょう」と伝え、対話を重ねた。毎回、内容は違えどもそういったやり取りの連続だった。

雪の母との関係づくりで、最も印象的だったのは夏休み前の最終日「ゆっくり二人でお話しましょう」と、三者懇談とは別に雪の母と二者面談をしたとき、いつものお礼ですと差し出された封筒に、お金が入っていたことだ。職員室に戻って封を開け、

「えっ、この封筒、お金が入ってた！」

「それはさすがに、やばいですね」

と、向かいの席の宮城先生と一騒ぎ。やむを得ず、小雨のなかクタクタの身体で、猛ダッシュして返しに行った。

金一封。公務員が受け取れないことは、今時、周知の事実だろう。雪の母の行動は極端だ。驚くと同時に、単身赴任で子育てに無関心だという雪の父を想像する。仕事を辞めて心身ともに不安定な姉、引きこもる兄。庭先まで綺麗に手入れされた一軒家。これまで、深い悩みを誰にも相談できずにいた母の失望や苦悩が胸に迫ってくる。

濡れた髪から雫が落ちる。走ると息が苦しい。憤りとやるせなさの入り混じった感情が込み上げてくる。対価を払わないと我が子をしっかり見てもらえないと感じてきた母の孤独感。そう感じさせているのは学校だ。雪への対応は、確かに特殊だけど、雪に必要なことで別段特別なことじゃない。誰もが、当たり前に大切にされる学校だったら、こうはならない。雪の母のこの感覚を生み出しているのはこの閉塞した社会であり学校だ。私はかねてから砂山中学校に対して抱いていた「サービスじゃなくて教育がしたい」という思いをより強くした。

ちょうど家の玄関で扉を開こうとしている母に追いついた私は「深見さん、これは受け取れません」と封筒を差し出した。「いえいえ、これはほんの気持ちですから、どうか受け取ってください。兼田先生がいてくださらないと困るのです」「雪さんが通う価値のある教室を創ることは、私の当然の仕事です。お礼をいただく必要はありません」と、押し問答を繰り返すことになった。そのとき最後に「今受け取ったら、仕事を失って本当にいなくなっちゃいますよ。……卒業後なら、いくらでもいただきますから」と、私は母に冗談交じりで話した。

一学期、終学活だけの参加という日もあったが、雪が様々な形で毎日学校に通えたという事実は、母と一緒に相談しながら実現してきた。母の存在と支えなしには、実現しなかった。私は、このとき自分の思わず発した口約束をきっかけに、異動する予定だったがそのまま三年間この学校に留まることにした。

5 小さな成功体験

一年生の頃は、コロナ禍になる前で体育祭や合唱コンクール以外にも、遠足や総合学習を活かしたフィールドワーク、地域の保育園や老人ホームの方々との交流会など、様々な行事があった。私は、それらを自分たちで企画や運営ができる取組にしようと力を入れた。学年の有志委員を募集し、話し合いながら実施方法も含めて、意見を出し合った。そして、有志委員たちはワクワクするような活動を積極的に創り出していった。学級のリーダーとして、心も有志委員や班長会に入っていたので、雪にとってどの役割が参加しやすいか、一緒に考えて取り組んだ。

雪が交わりを持てた活動は、地域をよりよくしようという自主企画だった。商店街を「荷物、持ちます」という看板を掲げて練り歩いたフィールドワーク。買い物の荷物は重いから、お年寄りの方や沢山買い物した大人が、きっと喜んでくれるはずだと生徒は予想していた。しかし、実際にやってみると「荷物を中学生に持たれることに抵抗のある大人が多い」という結論に至って、生徒たちは大なり小なりガックリ肩を落としていた。

そんな折、あるおばあさんから中学校に電話が掛かってきた。私たちは、しまった、苦情が来てしまったのかと肝を冷やした。しかし、お礼の電話だったと知り、みんな大喜びした。まとめの発表会での寸劇にも、雪はエキストラとして出演していた。

一年生の終わり頃、突然の休校や自宅待機が始まり、コロナ禍に突入した。しかし、雪自身は全員が休みになったので、この頃はエネルギーを蓄え、少し気楽に家での時間を過ごせていた様子であった。急きょ企画した学級のお別れ会にも参加し、みんなと記念写真を撮って和やかに解散した。

6　深まる他者理解と葛藤

二年生の春は、わずか三日間の新学期の出会いに全精力を注いだ。学級通信第一号は、休校期間を利用して「一人ひとりのステキなところ」を、去年の先生方を取材して、聴き取った内容をまとめて載せた。色々な昨年のエピソードが、出会いの日をより楽しみにしてくれた。学級開きはクス箱を開き、明るく前向きなトーンで行った。テンションの高いムードメーカーになりそうな男子が乗ってきた。基本方針は「みんなで決めてみんなで守る・自分の不利益には黙っていない（要求する）・班活動中心」という三つを伝えた。決めごとは、遊びを交えながらテンポよく行った。学級目標は「天真爛漫～ありのままの自分で～」に決定。「四字熟語で格好良い」という単純な理由が決定打になっていたようだったが、潜在的には「飾らず自然体のままの自分を肯定して欲しいという、一人ひとりの深い願い」が込められているように感じられた。担任として、みんなが自然体で居心地良く過ごせるようにしようと決めた。気になる生徒は、昨年からの持ち上がりの子が多く、わずかな反応の変化を注視した。おおむね、表情は明るかったが、新たに担任することになった多くの子どもたちについて、まだよく見えないままに、再びの休校となった。その後、長期間休校が続いた。

休校期間中、繰り返す新型コロナウイルスのニュースをぽかんと眺めながら、私は何度も無力感にさいなまれた。私は初めて、教員の専門性とは「子どもをよくみる」ということに尽きるのだと実感した。子どもが見えない、生活実態に触れられないもどかしさ。行動が伴わないままに、「私にできることは何だろう」とぐるぐると考えてばかりいた。カラフルな画用紙にマジックで「元気ですか?・ちゃんと寝よう・スマホ依存に気をつけよう・千里の道も一歩から・コロナへの危機感をもとう」などと書かれている「みんなへのメッセージ」を持った全員の写真を通信に載せて、一人ひとりへ手紙付きで送った。私も部屋に貼って、その笑顔を見ると、少ししゃんとして居られた。祈るような気持ちで、電話先の声と言葉に耳を澄ませた。ごくたまにだが、愚痴や本音を話してくれることもあった。私にとっていわゆる「面倒ごと(もめごとやトラブル)」の何も起こらない日々は、単調で退屈で、何とかして子どもたちの「面倒ごと」を知りたいし、巻き込まれたいと思っていたのだと気付く。言い方はおかしいが、面倒くさいことが大好きで、この仕事をしているのだと実感した。

休校中の雪は、徐々に「学校に行きたい。友だちに会いたい」と願う気持ちが生まれていたが、この時期になると新型コロナウイルスがより身近になり、その恐怖や不安を人一倍強く感じるため、外へ出ることへの葛藤を感じて過ごしていたようだった。

学習相談日として分散登校日が設けられていた。登校日は、人への恐怖心すら植えつけてしまったかもしれない自宅待機から、仲間とのつながりを取り戻すチャンスにしようと、選択肢を用意し、どの学級でもできるようにして臨んだ。距離を確保しつつ非接触遊びを沢山、もちろん学習の相談にも乗れるように準備をした。案の定、生徒たちはとにかく喋りたい・笑いたい・久しぶりに顔が見られた喜びを分かち合いたいという思いに溢れている様子だった。大人気だったのは「ワードウルフ」という、みんなで雑談しながらお題の違う人を当てる推理遊びだった。通りがかった先生にも入っていただいて、久しぶりに笑い声にあふれる賑やかなひと時を過ごした。

そして、遂に学校再開。学級再開初日は全員が登校し、「再会（再開）を祝う会」を実施。分散登校時に奇数と偶数それぞれからのメッセージをホワイトボードで交流しており、それぞれからの出し物を企画。笑い転げて過ごした。掲示物には、「夏休みなくさんといて！」「勉強がんばりたくない！」「楽しみたい！」「いっぱい喋りたい」など、色んな声があふれていた。

静まりかえって食べる昼食時は、リクエスト曲を流して明るい気分で過ごせるよう工夫した。マスクに関しては、熱中症の観点から、ほどほどにした指導とすることを運営委員会で提案した。換気の徹底はしつつ、ピリピリしないことで、雪や他の生徒たちの不安をほぐしていった。

夏休みには「ホッとＴＩＭＥ」と称して、もう一人の不登校生徒である久美子を意識して、図書室での仲間づくりの企画を立ち上げた。そこに雪は、萌乃と一緒に参加して耳を澄ませばやっと聞こえるぐらいの声で楽しそうに会話していた。二年生から新たに担任した萌乃には、小学生の頃、強迫神経症を患い不登校だった時期がある。雪と似ているとても繊細な感性の持ち主だ。学級を開く前から、おそらく雪とつながる生徒になるだろうと予想していた。そして、雪と萌乃の双方に、仲良くなれそうな相手であり、こんな魅力のある人だと伝え、親しくなる機会を狙っていた。

久美子をはじめ他にも様々な課題を表出させる生徒がいたが、その都度、対応を学級で考えていく場面を生み出してその課題に取り組んだ。その出来事に参加できないときも多い雪だったが、私がすべての出来事を事細かに話していたので、そのたび驚いたり「なるほど」と言っていたりしていた。そうやって雪は、自然と他者への理解を深めていった。

コロナ禍で行事の削減が大幅に進んだ秋は「コロナに奪われた時間を取り戻そう」と銘打って、有志の企画委員と秋の特別活動を打ち出した。「Ｓケン」やテレビ企画を取り入れた「逃走中」映像を撮影しコンクール形式で競い合う「アカデミーＳＨＯＷ」など、溢れるパワーを前向きな方向へ向かわせ、楽しい時間を沢山生み出していった。

雪が来られなかった企画もあるが「楽しみは創っていくことができる」というメッセージを込めた。雪が「行きたいな、でもどうしよう。誘ってくれて嬉しいな。でも……」と、葛藤できる小さなステップは、なるべく多い方がよかった。来られたり、来られなかったり、その度に昨年から仲の良い友人である心をはじめ、他の班長とも「今回はどうやろう」と考え合う時間を持つことができ、雪への理解を深め、雪は学級とのつながりを密にしていった。

二年生の学級まとめのお別れ会で開催した「ビンゴ大会」には参加できず、その日は放課後に雪・萌乃・心の三人と私で、ささやかなお別れ会を開くことにした。雪の母は「一年生のときは参加できたのに、どうして……」と、最終日に学級に入れなかったことをとても残念がっていた。私は「いつかこのときが来ると思っていました。これは、雪がこれまでより、深く葛藤しはじめた、思春期に入ってきた成長の証です。だから、雪自身が、信頼できる同世代の友人との少人数でのお別れ会を選んだことには、自立へ向かうとても前向きな意味がありますよ」と語った。

放課後のお別れ会の直前に、雪の到着を待っている萌乃や心にも、同じことを伝えた。雪に選ばれた自分たちだと知り、顔を見合わせて、少し照れ笑いしてから、雪の元へ駆け寄って行った。

7　雪の進路選択

ついに中学三年生。「週一、三回・校則自由（頭髪）・のびのび自由な校風・通学が便利・通学時間四〇分〜五〇分・クラス制」これが、雪の卒業後の進路選択の希望だった。何校も選択肢を用意して懇談に当たった。進路の先生にも相談し助言していただいた、イチオシの通信制高校が、雪と母が希望していたところと偶然にも一致していた。

何度も足を運んで決めた通信制高校。準備を始めることで、これまで避けてきた勉強と向き合おうという雪の心情の変化が見られた。進路実現という目標をもち、雪と母は、不登校支援センターで面談をすることになった。はじめは、私も一緒に春休みに近くのセンターへ足を運んで見学した。そこなら、学校に来る前の数時間、個別で勉強のサポートが受けられるからだ。

その後の母子面談には、二人で向かわれた。小学校の頃にも一度その支援センターで面談をしたことがあったようで、職員さんはよく覚えていらっしゃった。そして、雪が母から離れていられるようになったと、雪の成長を好意的に受け止めてくださった。

センター長さんからの電話で「変わった不登校生徒さんですね。学校が好きな人はここには来ないのに、彼女は友だちも先生も大好きで、『毎日、終学活だけだけど行っているんです』と言っていましたよ」と、面談の様子を伺った。その後、コロナに阻まれて、不登校支援センターへの入級は立ち消えとなった。しかし、自分で決めた進路へ向かって高校の授業体験や面談を重ね、定期試験を別室受験しながら準備を進めていった。

中学三年生二学期の九月、雪の母は体調不良の日が続き、精密検査を受けることになってしまった。コロナの感染爆発で二週間登校を見合わせていた雪だったが、私が踏切まで迎えに行くことを条件に、遂に一人で登校し始めた。

終学活に参加する雪を迎えに、学校を出て近所の踏切へと迎えに走っていく私の姿を、教室の窓から「あ！　カネユキが走ってる」と心や久美子、久美子の支えとなる友人の翠が覗いている。雪と正門へ向かって歩いて戻ってくると、「雪〜、おはよ〜」と三階の窓から、道路へ向かって手を振ってくれる。雪の家から踏切まで数分、踏切から正門までが数分。トータルしても七分程度の通学路。それでも、母がいないと来られなかったこの道を、雪は自分の足で歩き始めた。

そして、秋以降は心や久美子や翠たちと一緒に、雪も「放課後の学習会」に合流し、受験で必要な作文の練習に取り組んだ。

8　修学旅行作戦会議

小学校の修学旅行では、全行程とも雪は母と一緒に回ったそうだ。夜には、別のホテルを取って母と泊まり、朝の集合時間に合流したとも聞いた。中学生になった雪は、それは絶対に嫌だと言っていた。

友だちとのお泊り会の経験が無かったので、萌乃と何度か約束をして試みたのだが、その都度、コロナの緊急事態宣言や蔓延防止が出され立ち消えになっていた。三年生の夏休み、これがラストチャンスだと、学級の実里と二人で「推しのコンサート＋ホテルでのお泊り」に挑戦した。推し効果で行くことはできたが、夜は友だちが眠った後このまま眠れなかったらどうしようかと不安になり、さらに眠れなくなったそうだ。雪は夏休みが明けてから「あの日は一日でも、疲れ果てました。修学旅行に行きたい気持ちはゼロパーセントです」と言っていた。

コロナで散々延期を繰り返した十一月。いよいよ修学旅行のラストチャンスが近付いてきた。その頃から雪は「せっかくやのに、行かなかったら後悔しそう」とつぶやき始めた。でも、二泊三日九州地方へ行くことに不安が尽きないようで、ものすごく葛藤していた。

萌乃と心、三年生で新たに親しくなった麗華、それぞれが自分たちで声をかけて動き始めていた。実里はしきりに「正直私も全然行きたくない。山の方へ行くと虫も多いし、旅行中は携帯も見れへんし……」と、愚痴っていて、雪はその言葉にめちゃくちゃ深く頷いていた。

修学旅行の事前集会のあと、都合のつくメンバーで雪との修学旅行作戦会議を開いた。雪を迎えに踏切へ行ったとき、いつもの待ち合わせ場所で、雪がずいぶん疲れた顔をしていたので、私が「先週から雪はもう、五周ぐらいは修学旅行に行ってるもんなぁ」と話しかけたら、雪は「えっ？」と驚いた表情をしていた。

自分の疲れている理由が分からなかった雪は、家に帰って母に「何で先生は分かるのかな」と言っていたそうだ。作戦会議のメンバーである萌乃は、最終日の遊園地での自由行動を二人で回ろうと誘っており、また、心は雪の得意なことや苦手なことをよく把握して「一年生の遠足の時みたいに集合は、雪だけバスで待ち合わせにしておいた方がよくない？」などと、具体的に提案をしていた。私が会議で少しいない間に、まるでペンションの夜さながらの親密さで、顔を寄せ合って「生理が来たらどうしよう」「どんな服着ていくん？」など話題は尽きない様子だった。

雪は「行きたい気持ちが八〇パーセント、でも……」と、悩みながら帰っていった。私は、参加できてもできなくても、本人がこれだけ葛藤できたことが行事の成果だと思っていた。そして、あまり悩みを引っ張ることは、過度な負担になっているかもしれないとも思った。

しかし、旅行本番中に、雪は途中からの参加を決めた。紆余曲折を経て、最終日に遂に合流。学級写真をみんなで撮影し、念願の萌乃との自由行動へ出発して行った。遊園地まで送ってきてくださった母と私は小さくガッツポーズをした。

解団式での本部役員生徒の「楽しかった人、手を挙げてください」という呼びかけに、おずおずと雪が手を挙げていた。その姿を宮城先生が、大喜びで写真に撮ってみせてくれた。予想通り、翌週から雪は元気一〇〇パーセント。自信がついたようだ。

9　旅立ちのとき

翌週から進路懇談をしながら、わずか二週間で合唱コンクールの本番。めちゃくちゃハードな日程だった。雪は、はじめは練習の様子を見学。そのうち列の後ろに並んで、パート練習に参加し始め、全体での練習&体育館練習にも参加。順を追って徐々に本番へと小さなステップを重ねていった。しかし、直前のリハーサルでは体調を崩し欠席。その後は、参加についてすごく悩んだが、本番は学級の皆と一緒に歌い、みんなの手作りしたお守りを握りしめていた。

雪は合唱コンクール当日のことをこんなふうに語ってくれた。

「家を出る前、緊張でお腹が痛くて吐きそうだった。でも、えいってドアから出たら、半分ぐらいマシ、友だちに会ったらもっと大丈夫になった」

一人で登校するようになった頃から、大きく変わり始めていた雪。もう、外へ出ていく力を蓄えることができてきているのだと、改めて実感した。

二学期の期末テストを別室で受けていた雪は、「高校生になったら、もう先生は迎えに来てくれないから、卒業までに一人で歩いてこられるようになりたい」と、ぽつりと言った。

いじめ問題を背景に二年生から担任することになった久美子は、自身の葛藤を乗り越え、三年生の卒業時には、雪を支える存在の一人となった。卒業式前日の、最後の学活でのスピーチで久美子は、涙を流しながら語った。

「最初のクラス発表のときは、この人こんな感じちゃうん、この人ちょっと怖いなって思ったりして、あんまり誰とも話したくないなって思ってたりしたんですけど、みんな思ったより優しくて、何か自分の言ったことちゃんと受け取ってくれて、何やろ、今までと違って、一、二年のときと違って、こんなにクラスのみんなと喋ったこともなかったし、ちゃんと行ってへんかった自分もあれなんですけど。何かもっと続いたら良いなって思って。高校もこんな感じで行けたら良いなと思いました。ありがとうございました」

みんなが泣いたり笑ったり突っ込みを入れたりしながら、お互いの最後のスピーチに耳を傾けた。雪はその場では、頷いて聴いていて何も言わなかったが

「みんなの言葉を聴いて感動した」と後から言っていた。

卒業式の前夜。雪と母と私の三人で、完成した式場を歩き、当日の確認をした。

「もし、式に出られなかったら、公園での写真だけでも……」と不安気に私にささやく母に、「もちろん、そのときはそのときで対応します。でも今は、期待せず・あきらめずで、こっそり見守っていましょう」と伝えた。雪に「明日、私は袴を履くよ」と言っていたので、家で「何色かめちゃくちゃ気になる～」と嬉しそうに話していたそうだ。

当日の朝は、遅刻の多い麗華も久美子も、何とか間に合った。一安心して、雪を迎えにダッシュで踏切へ行った。通勤の方や、保護者からの眼差しを感じた。袴姿で校区をうろついている私は妙に目立ってしまっているようで、何とも居心地が悪かった。しかも、雪が待ち合わせ時間になっても現れず「やっぱりちょっと難しかったかな……」と、不安が込み上げてきた頃、雪はひょっこり一人で歩

いてきた。今日ぐらいは、母と一緒に来るのかと思っていたから、一人で歩いてくる姿に驚いた。いつの間にか、私や母の想像をはるかに超えていく雪。足取りも軽やかだ。

雪と一緒に教室に戻ると、久美子が全く関わりのなかった女子に、ぼさぼさの髪を可愛く結って貰っていた。その光景に私は感動して、思わずその姿を写真に撮った。

「雪！　おはよう」

心が雪に飛び付いてきた。雪の登場を、いつも通りの表情で、目の端にしっかりとらえている仲間たち。自然と、目が合う。一人ひとりに、笑顔と、喜び、別れの寂しさが入り混じる。

これで、全員集合。胸にコサージュを飾って、雪はみんなと一緒に、卒業式へと歩み出した。

解説

「ひと」理解に貫かれた寄り添いと自立への支援

転勤早々、理不尽極まりない状況に置かれた兼田さん。新入生事前登校日を翌日に控えているにも関わらず、教育委員会の指導だからといきなり学級編成替えを学年団に要求してくる学校長の姿勢に憤りを感じられた読者も多いことだろう。さらに、その日の夕方には、当事者の母と雪さんも来校してくる。学校長から担任となる兼田さんには、「同席するように……担任だと伝えられないが暗に担任だと理解させ」よとの無理難題まで付け加えてである。もし、自分がこのような仕打ちをうけたらと思うだけで胃が痛くなる。「本当に最悪だ」と兼田さんが感じたのも無理ない。しかし、出会いの場面から卒業式の場面まで、兼田さんは一貫して「子どもにとっての最善の利益を！」と考え、瞬時の判断で最良の対応を重ねていく。このような支援がなぜ出来るのか、その秘密を探ってみたい。

❶ 母子分離不安を抱える母への支援

小学校時はほとんど不登校で、登校時には母がずっと一緒に付き添って授業を受けていた、あるいは事前登校日もピッタリと手を繋ぎ雪さんの傍にいるという事実から、兼田さんは母子分離不安が強いと推測した。一般に母子分離不安というと、子どもが母親から離れることに不安があるという意味合いが強いが、この母子の場合は、むしろ母親に強い不安があり、雪さんはその母の不安に影響され振り回されている。過敏性症候群（ＨＳＰ）ともよべるような雪さんの背景には過敏すぎる母の強い影響があるのではないか。兼田さんは二人の様子からそう読み取って、**雪さんの学校生活の安定をつくり出すことで、母の不安を軽減させ安心感を抱いてもらう**ことをまずは意識的に積み重ねた。一日に何度も電話で呼び出されるというのだから簡単なことではない。誠実に粘り強く応えていく。その道筋はこうだ。

①母のペースに合わせる　↓②母と約束をつくっていく中で母の不安を把握する　↓③要求に耳を傾け可能な限り実現する　↓④母の小さな安心をつくり出す　↓⑤先回りしすぎないよう、雪さんにとって必要な配慮とは何かの対話を重ねる

重要なことは、安易に母の要求を聞くのではなく、例えば理科室の椅子の件ではなぜ理科室ではス

ツールタイプの椅子が使われているのかをきちんと調べ、その意味を母に伝えた上で、選択肢を提案し雪さんにも全《まっと》うと思える配慮（先生の横で別の椅子に座り理科の授業を聞く）を行っていることである。両者が納得できる最善の策を見つけているのだ。

兼田さんはこうした一連の対応を「仕方なく」やっているのではない。彼女のこういった繊細な対応の裏には、他者・人への深い理解がある。この母は我が儘を言っているのではなく、父親の単身赴任と子育ての拒否、引きこもる兄や不安定な姉もいるといった家庭状況により、母に強い苦悩や孤独感があることを共感的に理解している。だからこそ、「雪さんが通う価値のある教室を創ることは、私の当然の仕事です」と言い切り、一緒にそんな学校を創っていく同志として母の願いを受け止め続けたのである。

❷ 母親からの自立を目指す、配慮に満ちた支援

母との対話の場面では、「雪自身がしっかり葛藤するチャンスを、先に摘み取ることがないようにしましょう」と繰り返したという。近年、文部科学省の「不登校は誰にでも起こり得ること」というスタンスからか、教師にも保護者にも「登校刺激を与えない」という思い込みが広がっている感がある。もちろん、登校できるようになることが全てではないし、社会的自立を目指すことに軸を置くと

いうのが基本である。しかし、雪さんと母の状態を考えると、時間をかけて母親からの自立をさせることが必要と兼田さんは考えたはずだ。他者との接点なしに雪さんの母からの自立は見通せない。同世代との関係性を少しずつ少しずつ太らせていくことを慎重に進めていく。

そのために、①雪さんの希望を引き出し教室では母の同席をなくす　↓②班長会で雪さんへの配慮の仕方を共に考えさせる　↓③雪さんの事情（中学校では参加できることを増やしたいと願っている、文字を書くことには強い抵抗があるがみんなの話を聞いていることにも意味がある等）を学級にも開き理解者を増やす　↓④学級のリーダーである心さん、二年時からは不登校の久美子さんや繊細な感性の持ち主の萌乃さんらと出会わせ、思春期の親密な友人づくりを進める、という順序だった指導を進めている。

夏休みの「ホッとＴＩＭＥ」といった場も兼田さんの創意工夫が感じられる。たとえ、その場に雪さんが来られなくても、雪さんには学級の様子を含めすべての出来事を事細かに話し、仲間のぶつかりや成長を体感させていくのである。それと並行して、小さな成功体験を積み重ねさせている点も見逃せない。

こういった一連の支援の集大成の場が突如としてやってくる。三年時、母の体調不良である。それまでずっと母付き添いの登校であったが、雪さん一人で学校手前の踏切まで歩かざるを得ない状況となる。この成功体験が、葛藤しながらも自力で修学旅行部分参加へと繋がり、進路実現の歩みを確かなものとしていく原動力となったのであろう。

❸「子どもをよくみる」という専門性を基盤とした行き届いた支援

兼田さんの指導の優れたところをあげていくと、限られた紙面では到底足りない。特に、学級活動や行事などの組み立て方とその内容である。「ワクワクする」や「顔がみられた喜びを分かち合いたい」という表現がみられるが、何より兼田さん自身がそう感じながら、これらの一瞬を準備し堪能していたのだ。

ところで、読者が一度読むだけでは見落としかねない、兼田さんの優れた支援をおさえておきたい。それは、このような専門性を教員が身に付けたら、学校・学級がどの子にも「安全基地」となると思うからである。限られた場面になるが、具体的にみていこう。

まずは校長室での出会いの場面である。

「雪が目線を少し水槽の方へ動かしたので、『見てみよう』とソファから立ち上がって、水槽の前へ誘った」「私と雪は犬の話をしながらゆっくり歩いた」「私も、この学校に来たばかりなんよ。……ちょっと頼りないやろうけど、これから一緒に知っていこうね」

兼田さんが、上から目線で指導する大人でなく、横並びの関係であることをメッセージとして発している。さらに、翌日の事前登校の場面では配慮ある丁寧な声掛けで、母子の安心を見事に生み出し、翌日の入学式への期待感を膨らませている。

「その姿を晒すことで雪の異質さが際立つのではないかと私は懸念……他の子どもたちと鉢合わせしない時間帯を伝え、待ち合わせの場所を決めた」「怯えた表情から……誰もいない教室で、副担任の宮城先生と二人で、教室に飾るお花を作って待って貰うことにした」「あえて教室にしたのは、今後過ごす場所を知っておいて欲しかったからだ」「『いっぱい作ってくれたね。ありがとう』と声をかけ、雑談しながら、二人で作ってくれたお花を黒板の縁に、一つひとつ丁寧に張り付けて飾った。すると、不思議とおんぼろの校舎と教室に愛着が湧き、人の温もりが感じられ……『いい感じになった』と三人で拍手して喜び合った」

兼田さんは、コロナ禍で生徒らに会えない日が続いた時、「面倒ごとの何も起こらない日々は、単調で退屈で、何とかして子どもたちの『面倒ごと』を知りたいし、巻き込まれたいと思っていたのだ」と自身を俯瞰的に見つめ直している。読者はこの言葉にハッとさせられるだろう。果たして自分はどうなのかと……。子どもが成長していく過程で、面倒ごとに巻き込まれるのは避けられないことである。むしろ、その中で子どもは人としてのあり方（自己理解）や他者との折り合いの付け方（他者理解）を学んでいくのだ。そういった面倒な場面に関わる時にこそ、教員の専門性が発揮されるのだとこの記録から再認識させられた。

（谷尻　治）

クラスに引力を

星野夜鷹

1 エネルギー不足の生徒たちのために

私が担任する三年A組に在籍する佳祐。彼は私が顧問を務めるバスケットボール部に所属しキャプテンを務める生徒だ。同学年の子に比べ一回り体が大きな佳祐は、一年生の時から先輩に混じって試合に出場し、自分より年上の相手にも果敢に向かっていく気持ちの強さを見せる子だった。反面、チームワークは苦手で、仲間の指示が聞けず自分勝手にプレーすることも目立った。そのため仲間からはよく批判された。的を射た批判に彼は言い返すことができず、悔しさのため、泣きながら物にあたる場面は日常だった。その姿からは、プレーで見せる負けん気の強さとは裏腹に、精神的な幼さと弱さが垣間見えた。

佳祐は勉強がとても苦手だった。言葉の覚えが遅く、小学校低学年時には言葉のサポート教室にも通っていたそうだ。中学一年生の早い段階ですでに授業についていけなくなっていた。日中の学校に面白さを感じられなくなった佳祐は二年生に入ってから平日でも友人の家に外泊するようになった。朝まで遊びほうけることを繰り返し、生活を乱した彼は授業中よく眠りこけた。肩をどれだけ揺すっても起きない彼の様子は少し病的にも感じた。学校生活にも支障をきたすような乱れた生活を注意され、母親や祖母とよく喧嘩をした。遠方に住む、離婚している父方の祖父の家に行き、数日帰ってこないということも度々あった。

仕事の関係で家にいないことが多い母親。父親は佳祐が小学校中学年の時に女性関係が原因で家族を捨て家から出て行った。そのせいで当時の母親の精神状態は酷かったそうだ。母親は落ち込み、子育てができる状況ではなく、そのため一家は祖母を頼ってこの地域に引っ越してきたのだった。

生活を乱して部活にもなかなか来られなくなり、佳祐に対しての部員からの信頼は薄くなるばかりだった。二年生時に自らキャプテンに立候補した佳祐であったが、それを支持したはずの部員の多くから「あいつが何でキャプテンなん?」という声が上がるようになった。顧問として彼を責任ある立場から外す事も考えたが、部内でミーティングを開きどうするか話し合う中で、「こんな僕でもついてきてくれるなら続けたい」と佳祐が発言したことから、本人の意思を尊重しキャプテンを続行させることにした。しかし、状況は改善しなかった。それどころか、放課後にやんちゃな上級生とつるむようにもなっていった。

母親と祖母は佳祐のことをいつも考えてくれていた。しかし、特に父親と別れて暮らすようになってから、精神的にも不安定になっている母親は、佳祐に対して上手く接することができなくなっていた。そのような背景を考えても、彼への支援は学校内だけでは不十分だと感じた。学校の内外にかかわらず、丁寧に彼と関係をつくり、その上で築かれた信頼感を土台にした指導が必要だった。

佳祐の他にも、いろんな事情を抱えている子が私のクラスには多くいた。小学校時にはエスケープを繰り返し教師にも反抗的な態度をとり続け、そのため女子たちからは怖がられている乙葉。日中に学校に来ることが困難な不登校の裕太。小学校の時に不登校を経験した良。家庭状況に課題があり、子どもながらに母を支えている由美。精神的に不安定になると自傷行為に走る文子。下手をすると一日にクラスの半分近くが休んでしまう可能性があるメンバーだった。積極的に発言したり、クラスをまとめようとしたりする子も見当たらない。学力も他クラスと比べても一段低くそれも心配の種になった。

三年生はなんといっても受験を控えている学年である。進路実現のための学力保障は大切な教師の役目であるが、進路に向かうパワーが明らかに乏しいこの子たちに、いくら「勉強しろ！　学力上げろ！」と言っても効果が見込めないのは明白だった。それどころか、そのような指導は何とか学校に来ている子たちの、僅かばかりに残っているエネルギーを奪ってしまうことにつながりかねない。進路実現のための学力を求める前に、進路とまず向き合う力を養う本拠地としてのクラスづくりが必要だと思った。校外学習、文化祭、体育大会、合唱コンクールなどの活動が、これまでうまく力が発揮できず、燻《くすぶ》る子どもたちの気持ちに火がつく契機にできないか。火がともった集団は、その中にいるものにエネルギーを与えてくれる。このクラスの中にいれば、頑張ろうと思えるようになるクラス。そんなクラスを目指したい。そういう思いで新年度を迎えた。

まずは、本気でみんなの事を大切にするという私の決意をクラスの子たちに伝えたかった。同時に、「今年は楽しそうだな」という期待感も持たせたい。このように、あれやこれやと考えて学級開きを構想するのが私の常である。学級開きは学級づくりにおいても特に重要なポイントだ。楽しい学級開きとそこに込められた担任のメッセージによって、「今年の先生は何だかいいな」と安心感を与えることにもつながる。また、学級開きには驚きも必要である。新しいクラスに緊張し、身構えている子どもたちを楽しい仕掛けによって驚かし、いい意味で緊張と不安を裏切るのである。

新年度の始業式の前日、教室内の全ての窓に暗幕を張って、電気を消すと教室が真っ暗になるようにすることにした。脚立を使い、ガムテープを使って暗幕を張るのはなかなか骨が折れる作業である。しかし、子どもたちの驚く顔を想像しながらの作業は楽しい時間以外のなにものでもない。一面に暗幕を張り巡らせ一寸の光も入らないようにした後、黒板にメッセージを蛍光チョークで書いた。その上に幕をかぶせ、文字をしっかりと隠して準備は完了である。

翌日の始業式。体育館で担任紹介の後、二年の教室から机を持った子どもたちがぞろぞろと三年Ａ組の教室に。窓一面張られている暗幕にみんなが不思議がっている様子が面白い。「このクラス、何するんや？」と覗きに来る他クラスの子によって「何かが起きる！」という期待感が更に煽《あお》られた。

暗幕が張られた不思議な空間の中で、学級開きのオープニングは私の自己紹介から始まった。自分とはどういう人間で、なぜみんなの前にこうして立っているのか。今までの生い立ちを写真を見せながら語る。自分のことをこんなふうに話すのは、みんなにも安心して自分のことを話して欲しい、という全員への最初のメッセージである。

話を終えたらおもむろに教室を真っ暗にする。どよめく教室。キャーっという悲鳴も上がる。暗闇の中、「先生の今の気持ち！　３、２、１！」と叫び黒板に被せていた幕をさっと剥がす。そしてブラックライトのスイッチを入れた瞬間、ライトの光を鮮やかに浴びた「みんなに会えて超幸せ」が浮き上がる。「おおっ」という声とともに大きな拍手が起こった。

学級開きは前日の労力に報いる子どもたちの反応とともに終えることができた。佳祐や乙葉も穏やかで楽しそうな顔をしていた。この日は不登校の子も含め、全員が出席。まずは順調なスタートを切ることができた始業式であった。

2 翔の思い

始業式後、数日間は連続して学級活動の時間（学活）が続いたが、クラスの子どもたちは予想通りおとなしかった。いつもなら自分の思いのままに発言する乙葉が、静かな教室に白けた雰囲気を醸し出す。そんな中、学活でゲームを盛り上げてくれたのがサッカー部キャプテンの翔だった。翔はこれまでいくつかのトラブルを起こしてきた生徒である。指導の際に、意固地になると話が入らなくなるのが翔だった。一年生時に彼が関わったケンカの指導の際に「親には言わんとって！」と泣きながら懇願した姿が印象的。最初の学活で取り組んだ作文に「前のクラスが良かった」ということを書いていたので、この時翔がクラスで見せた前向きな様子が意外であった。

後日、教育面談で翔と話すことができた。翔は「乙葉が空気を読まないのは良くない。リーダー的な良いところもあるねんから乙葉には変わって欲しい。今は浮いてる。他の女子も乙葉に遠慮してる。無理矢理合わせて付き合ってるだけや。あいつが変わったら絶対クラスは良くなる」と話してくれた。翔が新しいクラスのことを考えてくれているのが分かり、心強く思った。

3　がんばれない佳祐

新学期が始まって一週間ほど経った頃、佳祐が初めて欠席した。夜に家を抜け出して他校生と遊んでいるのではないか、とクラスの子が教えてくれたので、家庭訪問することにした。家にいた本人を近くの河川敷に連れ出して話を聞く。佳祐は素直に誰と遊んでいたのか話してくれた。彼が言うには、夜に抜け出したのは他校の子と遊ぶためではなく、同じ学年の子と遊ぶためだったそうだ。他校の子とは春休みには遊んでいたけど、今は遊んでいないということだった。夜、外を出歩くことには釘を刺しながら、「もうすぐバスケットボールの大会があるから頑張ろうな」と伝えた。『夜中に出るなら ケータイを止める』と母親が言うと、佳祐が暴れるんです」と彼を家に送り届けた帰り際に祖母が教えてくれた。外での交友関係の広がりと、家庭の中で反抗的な態度を見せだした佳祐に対して、今後、彼との関係を肥らせていく必要性を強く感じた。

翌日からも佳祐の登校できない日が続く。授業の空き時間に家に起こしに行くなどしたがそれは全く嫌がらなかった。学校に来られない日でも、夕方に部活だけ来るときもあった。春の大会前、全運動部に対しての激励会（学校行事）の時は登校でき、キャプテンとして全校生徒の前で決意を述べることも出来た。また五月のテスト週間には一日だけではあるが夜に彼の家で学習会を開き一緒に勉強することができた。次の日に私は佳祐が頑張っていることをクラスに報告した。

佳祐なりに頑張る部分もあったが、とうとうバスケ部員の中から「日中に学校に来ないのに部活だけ来るのはおかしいのではないか」という不満が出始めた。本人のためにも、部員の納得を得るためにもなんとか佳祐を学校に来させたい。私は本人と話をすることにした。佳祐とは二人で2つのことを相談しながら約束した。

①五日間の就労体験が間もなく実施されるが、その五日間は頑張ること。伸ばしている襟足のことを注意されてもキレずに、その場では素直に「はい」と答えること。嫌なことがあっても帰ってから担任の私と相談すること。

②部活は今の状態では試合に出す事はできない。当然、大会前に計画している夏の合宿にも連れて行けない。とにかく学校に来ること。合宿まで二十五日間あるが自分で決めたそのうちの十七日間は登校すること（遅くとも5限目から）。

「この約束が守れない場合は合宿にも連れて行けないし、試合も出場させることができない。でもそうならないように私は応援するし、しつこいと思うかもしれないが声をかけ続ける」

佳祐の顔をじっとみつめ、私はそう宣言した。

パン屋を選んだ就労体験は二日間だけではあるが参加し、割烹着姿でしっかり働くことができた。学校も約束した日程の前半は毎日登校することができた。

しかし、六月末の一学期末テスト週間中に祖母から学校に連絡があった。

「夜、遊びに出たまま帰って来ず、朝帰りしたことを祖父が注意しました。それに聞く耳を持たなかったので祖父に出て行けと言われて、本人が出て行ったんです。K市の父方の祖父の家に行きました。土曜日の夜出て行ったきり帰ってきません。本人はもう帰らないと言っています」

ということだった。

連絡を受けた日は様子を見ることにした。しかし、彼はやはり帰ってこなかった。翌日、私はいてもたってもいられず放課後に祖父の家まで行くことにした。車で約一時間、山の中のとても静かな場所に祖父の家はあった。まだ新しくアンティーク調のとても立派な家である。出迎えてくれたのは祖母だった。佳祐は二階で寝ていた。祖母は遠方から孫を訪ねてきた私を労《ねぎら》い、その上でいろいろな話をしてくれた。祖父が高級クラブを経営していること、佳祐には黙っているが自分は実の祖母では無いこと、祖父母二人の馴れ初め、この子の父親は祖父から勘当されていること、佳祐の家にお金の支援をしていること、佳祐の父と母の離婚調停が始まったことなどの話が聞けた。佳祐はかなり時間が経ってから起きてきた。私の顔を見るなり「えっ！　来たん！」と驚いている様子がおかしかった。

「明日学校に来てテストを受けて欲しいけど、もし来られなかったら、テスト持ってまた来るし」と伝えてその日は無理につれて帰らず、たくさん祖母と話ができたことと、遠方まで私一人で来たことに佳祐が目を丸くしていたことをお土産に、気持ちをよくして帰った。

翌日、やはり佳祐は来なかった。クラスの皆には佳祐が今どうしているのかを伝えられる範囲で伝えた。夜、再びテストを持ってK市の祖父宅に行った。佳祐は起きていて話ができた。

「どうして、家、出て行ったんや」

「出て行けっていわれたからやん」

「このままこんな生活続けていたらあかん。ちょっとは自分自身、変わらなあかんって思ってんねんやろ」

「思ってない」

「そんなん思ってないやつが、わざわざこうやって先生と夜に会って話したりするか？」

本人は否定しなかった。しばらく、部活の話や高校の話をして、テストを少しだけやらせて「明日は来いよ」と伝え、今回は長居せずに私一人で帰った。

翌日、佳祐は祖父宅から直接登校してきた。眠そうな目を擦《こす》りながらテストを受けることができた。合宿にも何とか佳祐を連れて行くことができた。喫煙したり、宿舎から勝手に外に出たりといった問題行動は一切なく、佳祐は仲間達とワイワイがやがや楽しく過ごした。合宿中、終始見せたあどけない穏やかな表情が印象的だった。

合宿後も、部活動では中途半端にしか練習に参加出来ない日が続いたが、練習試合など何とか来させて試合には出し続けた。このまま夏休み前の最後の夏季大会を迎えられるか、と思ったが試合の前日に高熱を出してしまい、結局大会に出場することはできなかった。祖母は「日頃の行いが悪いから仕方ないです」と残念そうに言っていた。彼にとっては不完全燃焼のまま夏休みに入ることになった。

八月に家庭訪問すると、祖母から佳祐が髪の毛を染め、どうやらバイクに乗っているかも知れないですということを聞かされた。事実を確認したかったが、その後、何度家庭訪問してもタイミングが合わず、佳祐とは会えなかった。お盆休み前にはなんとしても会っておきたかったので、祖母に頼み「夏休みの課題をやるから学校においで」と伝えてもらった。

するとお盆休み前日に「今、学校に行きました」と祖母から連絡があった。教室に姿を現した佳祐の髪の毛は祖母の言う通りしっかり金髪に染められていた。どうしたものかと思いながら、眠たそうな佳祐の横につき宿題の漢字プリントを差し出す。何とか手を動かさせながら、それとなくバイクの件を聞いたが「今は乗っていない」と佳祐は言い切った。それ以上その話題には突っ込まずに、そのまましばらく勉強を続けた。一時間ほど時間が経ったので、夏休み明けに髪の毛を直して登校することを約束して家に帰した。

体は大きくて一見大人びて見える佳祐であるが、思考は短絡的でとても幼い。複雑な家族関係と、安定しない生活環境の中で、本来であれば成長に伴いそぎ落としてくるはずの幼児性を抱えたまま今にいたっているのではないか。だとすれば彼にまず必要なのは、どんな彼であっても受け止め、成長に向けて励まし、褒め、時には叱ってくれる信頼できる大人の存在ではないか。きれいに金髪に染めてはいたが勉強の誘いに応じ、一人で学校に来た佳祐の姿に卒業まで徹底して寄り添うことを改めて決意した。

4 不登校の子たち

二年生時に不登校だったが三年進級後は頑張って登校していた裕太が、七月からとうとう来られなくなった。良も来たり来なかったりを繰り返していたので、二人一緒に夜の学校学習会を始めた。夏休み明け、今度は口数が少なくおとなしい幸が学校を続けて休みだしたので、幸にも声をかけ夜の学習会は三名での開催となった。学校に来づらい子を対象とした夜の学習会は大変そうに思われるかも知れないが、子ども、保護者、教師の三者にとって有益であることが多い（もちろん、本人や保護者の同意は必須である）ので、私はとても大事な取り組みとして考えている。クラスにも本人たちの了解のもと、夜の学習会の様子を伝えた。裕太、良、幸は学習だけでなく、合唱コンクールで歌う歌の練習も頑張っていることを話したとき、クラスの中から、幸が来られなくなったのはクラスのお調子者の耕助のせいじゃないか、という話が出た。確かに耕助が以前に幸にいらんことをいっている場面を見かけ、私が注意したことがあった。更に裕太や良にも耕助がいらんことを言っていたと周りの子から上がった。耕助は必死で幸や裕太が来られなくなったのは自分のせいではないと言い張っていた。

後日、幸に耕助のことを聞くと、学校に来たくない理由の六割位は耕助が原因であるということが分かった。また裕太にも聞くと、「耕助のちょっかいが全て原因では無いけど、確かに嫌だったことはある。良も言われているのを見た」と教えてくれた。幸や裕太から聞いたことを、昼食を食べている時にあえて皆の前で耕助を呼んで、小さく、しかし皆に聞こえる声で本人に伝えた。耕助は「自分はみんなにウケようと思ってつい人をからかってまう。三人に謝るわ」と言った。後日の夜学習会に耕助を呼んだ。耕助は三人に頭をかきながら「ごめんな」と謝っていた。その日から耕助も夜の学習会の仲間に加わった。

5　体育大会・合唱コンクール

女子から怖がられていた乙葉は、私のすすめもあり合唱コンクールの指揮者に立候補した。やる気満々の乙葉は夏休み明けからコンクールモードに入っていった。昨年の指揮者のビデオを昼休みに見ながら指揮の練習を意欲的に続ける乙葉や、伴奏者の宏美の姿を見て、クラスの子が全員で応援のメッセージを彼女たちに書いてくれた。メッセージにはたくさんの彼女たちを励ます言葉が並んでおり、乙葉や宏美はそのメッセージを嬉しそうに読んでいた。

合唱コンクールの前に体育大会があった。毎日は難しくても、やはり行事の日だけでも全員が揃いたい。佳祐や学校に来られていない子たちを念頭に置き、クラスにこんな話をした。

「やっぱり皆が揃わないと淋しいよな。勝ち負けも大切かもしれへんけど、みんなが揃って楽しめる体育大会にしたい。毎日来られていない人も決して学校をサボっているわけじゃない。その証拠にクラスで取り組んでいる夜の学習会には、学校に来られていない人も参加してるし、日中、教室に入れる日もあったりする。毎日来ることが出来ないのは、それだけしんどい何かがその子にあるんやと思う。クラスとして何か出来ることはないかな」

クラスの子たちは、今度は佳祐や欠席している子たちにメッセージを書いた。佳祐には体育大会の前日に家庭訪問をしてそのメッセージを渡した。

体育大会当日、佳祐はメッセージのおかげか、朝から登校することができた。本人は「走らへんし、組み体操も綱引きも出ない」と言っていたが、私は「それでもいいしな。でも気が変わったら言って。その時は参加したらいい」と伝えた。結局、周りの子達に声を掛けられるなどして、佳祐は全種目に参加することができた。佳祐の母と祖母も来ており、佳祐本人が一生懸命競技している姿を見て終始嬉しそうに応援していた。後日、佳祐の妹も「お兄ちゃんが参加しているのを見て嬉しかった」と話してくれた。乙葉は女子のダンス発表のリーダーに選ばれ前に出て踊ることができ大変満足そうにしていた。

クラスの成績はと言うと、綱引きは全敗。総合の成績も最下位。しかし、誰一人として不平不満を言う者はおらず、みんな揃って「楽しかった」「楽しめた」と口にしていた。

残す行事は合唱コンクールだ。ここまでは合唱委員やパートリーダーを中心にモチベーション高く取り組めてきたのだが、他クラスの仕上がりが素晴らしく、どうしても歌唱力と歌う人数の少ないA組とは差があるように感じてしまう。翔もそこに苛立ちを感じているようだった。特に体育大会の次の日の合唱練習は酷《ひど》かった。疲れもあるのか、合唱隊形になかなか並べないし声も出なかった。解散した後、ふとみると翔がポツンと教室に残っていた。

「このままでは絶対に金賞とられへん。みんな、賞を取りたいって言ってるけど口だけやん」

「そうやな。でも一生懸命歌ってはいるんやけどな。難しい曲やし、練習が足りていないところがあると思う」

「もっと練習できへんの？」

「そうやな。練習時間の延長は他クラスのこともあるし難しいな。でも、朝練習はできるかも。他クラスには内緒やけどな。みんなに声かけられるか？」

「やってみる」

みんなと合意して決めたことではないし、アナウンスもしていないので翌日どれくらいの子たちが集まるか少し不安もあった。しかし、私の心配をよそに、翌朝の教室には朝練のために集まる子たちの姿があった。もちろん乙葉も来ている。翔の組織力に驚かされた。この日からコンクール当日まで朝練習が続けられた。パートリーダー達が発行する合唱通信にも「A組だけがやっている朝練！」などと書かれており、みんなも得意気なようだった。自分たちで課題に挑んでいく姿勢が育ってきていて、このクラスも成長してきていると改めて感じることができた。

6 タイマン事件

合唱コンクールの二日前のこと。他クラスの男子生徒が顔を腫らして登校してきた。驚いて事情を聞いた。するとどうやらこの顔を腫らした生徒と佳祐が前日にタイマンを張って殴り合ったらしい。タイマンに至った経緯をすぐに聴き取った。

佳祐が自転車のかごにバイクのヘルメットを入れていた。そのヘルメットを佳祐がこの生徒に「取って」と言った。普段から佳祐には人をあごで使うようなところがあるらしく、それに苛立っていたこの生徒はヘルメットを取りはしたが、そのまま手渡しせずに佳祐の方へ投げた。ヘルメットはそのまま地面へ落ち、鍔《つば》の部分が割れてしまった。これに怒った佳祐が「何するねん！」とそのヘルメットを投げつけ背中に当てる。そこからタイマンへと繋がったそうだ。二〇分あまり殴り合いが続いた結果、佳祐が勝ったとのことだった。その後、佳祐が側にいた別の生徒へ電話を掛け「あやまっといて」と言ったということだった。やられた生徒も「友達どうしの喧嘩だから、もういい」と言ってはいたが、佳祐からも話を聞かなければならない。

トラブルが起こった次の日なので学校には来ないだろうと思っていたが、予想を裏切り佳祐は登校してきた。別室に入れ、ケンカの事情を聞くと大筋でここまでに聞いていた話と違いなかった。合唱コンクールの前に何をやってるんだ佳祐、という思いを隠せない顔でいる私に、「仲良くしている友達にここまでしなくても良かったかもしれないとは思っている」と気まずそうに佳祐は言った。

一旦佳祐を教室に入れた後、学年で相談して、周りにいてタイマンを見ていた生徒らも含めて指導することにした。放課後の合唱練習の時に佳祐にこのことを伝えたが、本人は「残って話するなんて無理。いやや」と言った。そして練習のため音楽室へ移動する時にそのまま逃走し学校から出ていってしまった。放課後、タイマンを張った生徒の担任と一緒に佳祐宅へ家庭訪問。本人はいなかったので祖父母に事情を説明し、「タイマンを張ったこと、バイクのヘルメットを持っていること、こちらの指示を聞かずに逃走したことについて明日もう一度話をしたいので、午後三時に本人に学校に来させてください」と伝えた。祖父母は「今回のこともそうだが、本人は本当に我慢の出来ない子。自分の欲求や都合を最優先して他の事が目に入らなくなってしまう。こうなったのも全て家庭環境のせいです。この子が不憫なのもあって、つい甘やかしてしまいました」と言っていた。

翌日、本人は三時を待たずに昼に登校してきた。昼からは合唱コンクールの準備のため話ができない。一度下校してから再度三時に登校するように伝えた。しかし、本人は「無理！　嫌！　もう話すことないやん。二人で話してもういいってなってんのに」と言い張って聞かない。

私は「喧嘩は二人で解決したんやったらいいかもしれないけど、タイマン張ることや、こっちが残れといっているのにそれを無視して帰ったことについて話したいんや。でも今は合唱コンクールの準備があるからしっかり話せへん。また来なさい」と言ったが、佳祐は「来ない」の一点張り。おそらくこのまま帰しても本当に来ることはないだろう。合唱コンクールの前にこの話は終わらせたかったので、もう今しか無いと思い相談室に入れて話すことにした。

相談室に入ってから「なぜこちらの指示を聞かずに帰ったのか」と問いただす。答えはやはり「話すことないから」と繰り返すだけ。落ち着いて話したいから三時に来るようにと粘り強く言ったがやはり無理だった。押し問答がしばらく続いた。

私「佳祐は話したいこと無いかもしれないけどこっちにはある。友達どうしの喧嘩はあることや。それがあかんとは言ってない。でも、暴力を振るい合うタイマンはあかん。仲の良い友達とそこまで殴り合う必要は無かったんちゃうか。そのことは昨日お前も言ってたやん。そういうことの確認や、ヘルメット持っている理由も聞かなあかんのに佳祐は勝手に帰った。そのことを今はあかんといっているんや」

「お前らに関係ないやん」

「関係ある」

「関係ない。他人やろ」

「そうや、他人や。でも関係ある。もう佳祐のこと放っておくなんて考えられへんし、おばあちゃんやお母さんも悩んでるし、周りの人たち皆が佳祐のこと考えてるんやぞ」

「家族とはタイマンの件も話してるし、解決してる。俺のことは家族の問題やん」

反発しながらもポロポロと泣き出す佳祐であった。

「その家族が佳祐のことで困ってるんやろ。悩んでるんやろ。それで、おばあちゃんたちは周りの人に助けを求めてるんや。家族を困らせてること、悩ませていることをちゃんとわかれ！」

佳祐は、泣きながらウロウロと部屋の中を歩き回るばかりである。時刻は気づけば三時になっていた。「もう帰る！」と言って出て行こうとする佳祐。きっと誰かと遊ぶ約束をしているに違いない。

一瞬どうしようか迷ったが、三時に来いと言っていたその時刻になったので帰すことにした。

母親に一連のことを伝えたかったのと、その日のうちにもう一度佳祐に会いたかったので、母親が仕事から帰ってくるのと佳祐が遊びから帰って来るであろう時刻を狙って、夜遅くであったが家庭訪問した。最初、本人はいなかったが、母親と今日あったことを話しているうちに佳祐は帰って来た。

「佳祐はやっぱり、目の前にある自分のしたいことを優先して我慢できない。そこが佳祐の課題や。昨日のことも遊びに行きたい気持ちを我慢して話を聞いてくれてたら済んだところもあるで」

返事は無かったが、彼は確かに聞いていたのでそれで良しとした。明日の合唱コンクールの為に、私と指揮者の乙葉、伴奏者宏美が一人ひとりに書いた手紙を本人に渡し、明日の時間を伝えて帰った。帰り際に、母が「明日は本人も行くと言っています」と教えてくれた。

次の日のコンクール会場には佳祐の姿があった。舞台に上がれるかどうか心配したが、他学年、他クラスの合唱もきちんと鑑賞し、祖母と母が見守る中、いつも着けているマスクを外し舞台に上がって歌うことができた。残念ながらクラス合唱は賞から漏れたが、間違いなく今までの合唱の中では一番の出来だった。クラスのみんなも残念がってはいたが文句をいう生徒は誰もいなかったし、みんな満足しているようだった。

7 クラスの引力

合唱コンクールも終わり、次の週の学活で振り返りを行った。班で話し合って、取り組みの良かった点、誰がMVPかを発表してもらった。良かった点として「クラスが団結できた」「クラス独自の朝練に取り組めた」が上がった。MVPは翔を始めパートリーダー達の名が多く上がっていた。驚いたのは佳祐の名前が二つもの班から挙がっていたことだ。「あの佳祐が一緒に歌ったんや。すごい！」と乙葉も発言した。

すると今度はおとなしい百合が「付け足しいいですか。班としての意見は書いた通りですが、他にも当日来られなかった子の名前も挙がっており、中には全員がＭＶＰだという意見もありました」。百合のこの発言でさらにクラスが和んだ。取り組みの課題としては「全員が揃わなかったこと」が上がった。私が、「これは全員で歌いたかったたってことやね」と言うと、男子たちが「あーあ、耕助のせいやぞ」と耕助をちゃかす。するとまたもや乙葉が「でも、まわりの男子も耕助と一緒になって言ってたやん。耕助と同じやと思うで」と発言。男子たちはシュンとなり、このやり取りで私の気持ちも和んだ。

その後、行事の感想をみんなで書いた。「四月にはどうなることかと思ったけど、今ではこのクラスが楽しい」というような気持ちの変化を書いている子が多くいた。乙葉も「このクラス大好き」と書いていた。また、今後どんなクラスにしていきたいかという項目には、「安心できるクラス」や「全員揃って卒業したい」など、前向きな意見がたくさん出された。

一通りの行事が終わり、クラスは受験モードに入っていった。そんな中、相変わらず朝から登校出来ない日の続く佳祐。大きな台風が来た次の日、川沿いの佳祐の家が心配だったので夜に家庭訪問した。祖母が晩ご飯を勧めてくれたので佳祐と一緒に食べた。この時はやけに素直な佳祐だった。スジを煮込んだカレーを頬張りながらたわいもない会話が弾んだ。

「お母さんは今日も出張か。毎日ホンマにお疲れさまやな。引っ越してくる前から、お母さんは今みたいに働きづめやったんか？」

「いいや、前の家の時は、母さんは家におった」

「そのあたりの時ってどんな生活やったんや？」

「あんま覚えてないけど、父さんと母さんはようケンカしてた」

「殴ったりか？」

「それはなかったけど母さんがナイフを父さんに向けたことがあって、そのことは今でもはっきり覚えてる」

「そんなん、ずっと見てたんか」

「うん……」

その後、父親が出て行くことになった経緯も佳祐は話してくれた。ふと、今後の佳祐家族のことが気になった。年老いた祖父母、そして母親を将来的に支えて行くのは佳祐である。

「佳祐は自分の家族を将来支えていかなあかんとか考えていたりするんか？」

「今はないけど、働き出したら考えるようになるんちゃう？」

朧気《おぼろげ》ながらも将来のことを考えている佳祐のことがけなげに感じられた。一通り話が終わり、本人がベッドに入って漫画を読み始めたので帰ることに。しかし、スッと帰るのも何だかもったいない気がして、部屋の出際に佳祐に思わず、「佳祐はヤンキーやりたいわけちゃうもんな。遊びの延長線上にタバコやバイクがあっただけやろ」と聞いてみた。彼は意外にもあっさりと「そうやで」と漫画を読みながら答えた。「明日は学校来いよ」。さよならの代わりに私はこう言って、返事を聞かずに彼の家を後にした。

養育者の愛情を一身に受けなければならない幼少期に両親が離婚。母親の精神的な不調もあって転校することになった佳祐。両親に甘えたい気持ち。家族が離ればなれになる寂しさ。いろんな感情を十分に佳祐は受け止めてもらうことができずにいたに違いない。満たされない思いは中学生になって彼の心にぽっかり穴を開け、楽しい遊びの世界を彼に求めさせた。それが、バイクや深夜遊びではなかったのか。頑張れない佳祐の背景がやっと見えた気がした。

受験が近づいても相変わらず、朝から来られない佳祐ではある。遅れて登校してきても、授業に入らず校内をフラフラすることも多い。しかし、そんな佳祐を翔や乙葉が「もうちょっとがんばろうや」と声を掛け引っ張って教室に入れてくれる。

佳祐は一月になり、ようやく私立高校を受験することに決めた。進路が決まって以降、それまでつるんでいたやんちゃグループとは一定の距離を取り、別の男子たちと仲良い関係を築いている。学力的には大変厳しいが、彼の進路を最後まで応援するために、週二回の家庭学習会が始まった。並行してクラスでは裕太、良、幸、そして耕助をはじめ勉強が苦手な子を対象にした夜の学習会を行っている。佳祐も時々この学習会に参加するようになった。卒業が近づくにつれてクラスの引力は確実に強まっている。

解説

問題行動をどう読み取り、支援につなげるか

髪染め・バイク・怠学、そして頻繁な夜の外出や家出ともいえる祖父宅への逃避。一昔前のツッパリを連想させるような反社会的行動を繰り返す佳祐さんは、学校からやっかい者扱いされる存在であろう。さらに、不登校傾向の生徒が多く「一日にクラスの半分近くが休んでしまう可能性があるメンバー」というから、新学期開始前の星野さんは相当なプレッシャーを抱えてのスタートだった。しかし、このエネルギー不足の生徒たちを「卒業が近づくにつれてクラスの引力は確実に強まっている」ところまで変貌させた星野さん。星野さんの指導の光るところを三つに絞って解説したい。

❶ 学力に困難を抱えている子への伴走

佳祐さんが次々と問題行動を起こしても、星野さんは「困った生徒だな」という表面的な見方で終

わらせず、その背景を読み解く努力を重ねている。言葉の覚えが悪く、小学校低学年時にはサポート教室にも通っており、中学校では授業中はよく眠りこけどれだけ揺すっても起きないというから学習への拒絶感は相当なものがある。だが、星野さんが夏休みに声をかけると金髪のまま一人で登校してきて一緒に学ぶ姿を見せる。ほんのわずかな肯定面だが、「卒業まで徹底して寄り添うことを改めて決意した」というのは、その姿に希望の光を見たからだ。学習に取り組まない子というマイナス評価で見るのではなく、学習困難を抱えている子と受けとめ、学習支援という具体的行動に移した点は見逃せない。

佳祐さんは、境界知能にあたる生徒だと推測できる。境界知能とは知能指数七〇～八十四にあたる子らで、統計的には人口の約十四％にのぼるという。が、通常の教室で日々学習している子らでもある。抽象思考が入ってくる小学校中学年あたりで学習のつまずきがいっきに増えると言われている。彼が毎日の授業で早くからかなりの苦痛を味わい続けたことが容易に推測できる。中学校ではそういった支援も少なく、ひたすら座席で耐え続け、自己否定感もつのっていったであろう。

こういった境界知能の子らが抱えている困難に、近年ようやく光があたり可視化されてきた。が、学校現場ではほとんど放置状態である。星野さんは佳祐さんの抱えている困難の一つが学習への抵抗感・挫折感であると捉えているからこそ、学習支援を佳祐さんに繰り返し呼びかけ、自主学習の場を設けるのである。だからといって簡単に学力が上がるわけではない。重要なのは、仲間と共に進路に挑んでいくという事実である。だから、自主的な学習会の場にも参加を呼びかけ続けている。進路が拓ける可能性があることを佳祐さんにも実感させるためである。それは一人で悩むことではなく、仲間と共に乗りこえていける課題であることを体感させるメッセージとなっている。進路問題は不登校の子も含め避けて通れない課題であるので、学習支援が共同の場として作りやすい点に着眼したことも素晴らしい。

❷ 育ちの過程で傷を抱える生徒への伴走

佳祐さんは被虐待児でもある。父母の不仲があり、父親は女性関係で家族を捨て家から出て行ったという。愛したい・愛されたい思いを持っているのに、父母が面前でけんかを繰り返すことで、子は心に大きな傷を負う。母が父にナイフを向けた事実はまさに心理的虐待であり、愛着形成のつまずきとなる。愛着がきちんと形成されていない子は、感情コントロールがうまく機能せず、突発的な言動をしたり、同じような失敗を繰り返したりしがちである。また、被害者意識も強くなりがちである。継続的な心理的虐待は、暴力による身体的虐待より脳へのダメージが大きいとも言われている。安心・安全な中で生活を送ることが出来ない子は、身体が不安・恐怖を感じたときに、原始的防衛（闘争・逃走・固まる）といった反応を本能的にとるといわれる。部活で仲間から批判されると涙を見せながら物にあたる姿は闘争的防衛であり、定期テスト中に親とぶつかって祖父宅へ行くのはまさに逃走的防衛である。成長期に負った心の傷は、『大人は信頼できない』と、子の心に刷り込まれていく。

佳祐さんがタイマン事件の指導の際にその場から早く離れようとしたのも象徴的である。真正面から自分と向き合うことが出来ない弱さが表出されている。星野さんは「家族が佳祐のことで困ってるんやろ。……家族を困らせていること、悩ませていることをちゃんとわかれ！」と突きつける。泣きながらウロウロと部屋の中を歩き回る姿からは彼が強く葛藤していることがダイレクトに伝わってくる。同時に星野さんが、佳祐さんに自身の弱さと闘えというメッセージをこの場で発していることも……。

のちに、佳祐さん自身が、星野さんに「父さんと母さんはようケンカしてた」「母さんがナイフを父さんに向けた」という事実を語り始める。佳祐さんに粘り強く関わり続けたことで、彼の星野さんを見る目が変わってきたことを読者が実感できる場面である。Ｋ市の祖父宅へまで足を運んだ星野さんの姿を見たときの佳祐さんの驚く顔が浮かぶ。『えっ、そこまでやるの！』という驚きは、時を経るにつれ、やがて『自分を見捨てない大人がいるんだ』という認識へと変わっていった。信頼できる大人として星野さんを受け入れることが出来たからこそ、台風の夜の訪問時に、自分の生い立ちを赤裸々に語ることができた。が、そこに至るまでには数々の紆余曲折があったことは、読者はすでにご存じの通りである。

❸ 個と個をつなぎ、孤立しがちな子に仲間意識をそだて集団として成長させる指導

星野さんの指導の秀逸なのは、困難な子への指導を個別指導に終わらせず、集団指導へと開いているところである。タイトルにある通り、大切にしたいのは様々な課題をもつ子が生活しているクラス集団である。不登校傾向の子が多く担任としては気が気でない毎日である。当時の学校の地域性とそこから生まれる空気（からかいやいじめ的言動などが多かったのではないかと推測される）が、不登校の生徒を生んでいた可能性も考えられる。耕助さんがその原因を作っていることを幸さん自身から「学校に来たくない理由の六割くらいは耕助が原因」であることを聞き出し、それを機に「自分はみんなにウケようと思ってつい人をからかってしまう」という事実を聴き取り、三名の不登校生徒への謝罪へと繋げていく。さらにこの場をきっかけに、耕助さんまで夜の学習会へと巻き込んでいくのは、人と人を繋いで、他者との関係性を太らせていく中で彼ら彼女らの自己肯定感の高まりへと繋げるねらいがあったからだろう。

進路に向かうパワーが明らかに乏しいこともスタート時点で明白であった。小学校からエスケープを繰り返し、教師に反抗的な態度をとり続けた乙葉さんの影響も見逃せない。

唯一、リーダー的な姿勢がみられる翔さんに声をかけ対話を重ねて彼の意欲を引き出していく。ま

た、乙葉さんには肯定面を積極的に評価して、合唱コンクールでは指揮者に引っ張り出す。伴奏者の宏美さんも含め、その意欲的な二人の姿に接し、クラスの子が全員で二人へメッセージを書く。二人からは、逆にコンクール直前に全員への手紙が渡される。登校する生徒らの人数が少なく、他クラスに押されがちなクラスが体育大会後にさらに酷い状態となるものの、星野さんはリーダーたちを立ち上がらせる。パートリーダーが発行する合唱通信に加え、独自の取り組みである朝練習の開始である。困難なことに挑んでいる生徒らはその取り組みに得意気となる。結果は二の次で、行事の過程で集団と個がどのように成長するかが鍵である。順位に関係なく、取組の過程で学んだことや成長した姿は残る。クラス集団が以前とは異なる空間となっていったことを肌で感じたからこそ、行事後の感想では「四月にはどうなることかと思ったけど、今ではこのクラスが楽しい」と書くまでに変わっていったのである。「安心できるクラス」にしたいという生徒の言葉は、全国の学校に通っている子どもたちの切実な願いであることを胸に刻みたい。

（谷尻　治）

ウタ　あなたはどうしたい

香川良子

1 入学式

朝から続く雨の影響で、校舎の中は薄暗く、これから入学式が始まるとは思えないほど、周りは静かで寒々しい。新入生が徐々に登校し始めた。その中の一人、ウタが物怖じしない、肝の据わった目をまっすぐにこちらに向けて言った。

「先生、友達が違う方向のバスに乗ってしまって、遅れるそうなんです。受付にも言いました」

同じタイミングで、受付の教員が同じことを教えに来てくれた。お礼を言うと「えへへ」とウタは無邪気にかわいらしく笑った。体育館前へ移動し、入場を待っている間、ウタは何度も私を手招きしては「先生、お腹が痛いです」「実は生理中で」「薬は一応飲んでます。予備も持ってます」と伝える。表情はこわばっていた。持っていたカイロをそっとウタに渡し、「緊張いっぱいやけど、がんばろう」と伝えた。

入学式が終わり、保護者も交えて改めて担任発表と自己紹介をした。

「二組の皆さん、はじめまして。担任の香川です。皆さんに会うのを楽しみにしていました。このA支援学校は、卒業後の企業就労を目標にしています。なので、楽しいことだけでなく、厳しいこともあるかもしれません。けれど、先生たちは、そんな皆さんを応援しています。まずは一年間、よろしくお願いします」

ウタを含めた十人の生徒たちを担任することになった。全員から緊張が伝わる。生徒らのほとんどが発達障害である。知的面での遅れには個人差はあるものの、学習面、行動面、コミュニケーション面に困難を抱える生徒ばかりだ。

他のクラスが少しずつ活気を見せても、二組の教室はいつも会話がない。本を読むか、息をひそめたように席に座っている。授業が始まると、強面の先生や授業が怖いサラが「嫌だ……帰りたい。怖い。先生助けて」と徐々に本当の姿を見せ始めた。口には出さないが他の生徒も同じような姿が見られた。慣れるまではと毎回授業に入り、何が不安で、何に困りがあるのかを一緒に考えていった。そんな私の動きは、A支援学校の教員には異質に映るようだった。

春の家庭訪問では、ウタの母から小学校でのイジメ、これまでの不登校について、たくさん聞くことができた。ウタの家は母子家庭である。社会人の兄と年の離れた弟がいた。兄とウタの父は同じらしいが、弟とは別なようだ。母から、ウタについては「もう高校生なので、全て一人でするように言っている。どんどん厳しくしてくれ」と言われたが、一方で兄と弟には甘い印象を受けた。ウタ自身は隣で何とも言えない表情で話を聞いていた。他の家からは、思っていた学校と違う。ものすごく厳しい。言葉の粗い大人が多いとご指摘をいただいた。廊下に響き渡る声で怒号を発する教師が多いのは事実で、やんちゃな上級生にこちらも強気でいかないと、と思わせられる瞬間が多々ある。けれど、誰もいない教室で、親しい教員と「こんな指導は指導じゃないね」と日々話していた。そんな私に「甘い」や「やんちゃな奴らを前にした時にちゃんと指導できるのか」と言われることもあったが、私は子どもたちと対話し、寄り添い、悩み、考えていく方法を目指したかった。

学級目標は「みんな違ってみんな良い〜誰とでも気軽に話せるクラス〜」になった。なかなか最初は意見が出にくかったが、タクが「誰とでも気軽に話せるクラスが良い！」と元気よく発言。「良いやん」とみんなが口々に声をあげる。ウタが「みんな違ってみんな良いもつけたい」と発言し、話し合いの波が盛り上がる。二組の願いを垣間見た気がした。誰とでも気軽に話せるクラスをまずは目指していこう、自分と同じを見つけるのではなく、自分との違いから相手のステキさを見つけよう、とクラスで語りあった。相手が傷つかないように、でもズバッと言うタク。負けず嫌いで積極性の塊のウタ、物静かだが優しいヒロがクラスの雰囲気を徐々に作っていた。

職場実習に向けて、自宅から実習先への経路調べを始めた。宿題として経路は調べてあるが、自宅を早朝に出発するものや、実習先に一時間以上遅れるものなど様々だった。ウタは自信満々で調べた経路を提出した。完璧でありたいというプライドがあった。ウタは誰の目から見ても頑張りすぎていた。経路調べを確認すると、実習開始の一時間半前に現地につくというものだった。さすがに早すぎる。が、ウタは認めなかった。

「もう調べたのになんでやり直しするんですか。嫌です」

「ウタさん、予定時間よりもだいぶ早いよね。経路はそのままに、遅らせたものを調べてほしい」

「そんなん、早めについた方が、バスが遅れても安心だし、私は待てます」

とりあえずもう一度調べてみよう、と一緒にパソコンに向き合う。予定の十八分前に実習先バス停に到着するものを見つけ、その次のバスも五分程度差で到着する。実習にはこの経路で行こうと話すと、ウタはボロボロと泣き出した。顔には「私は間違ってない」と書いてある。一生懸命調べたものがクラスのみんなの前で指摘されるのが嫌だったに違いない、自分は本当に何十分でも待てるのにという思いがありありと伝わった。

「調べてくれた経路は間違ってない。でも、早く着きすぎると企業さんも困る。今、いろんな気持ちでいっぱいなのは分かるよ。目は合わなくても、私の話を聞いてくれてるのも分かる。落ち着いたら、この行き方をメモして。どうしても納得いかない、言いたいことがあったら、その時は教えて。今すぐにメモをしなくても良いけど、授業が終わるまでに切り替えよう。できるかな」

ウタは唇を噛んで頷いた。できる限り小さな声で話した。普段は明るいウタがぼろぼろ泣いている。そんな様子に、みんな気付かないふりをしている。静かにこちらのやり取りを見守っている。次の授業に、ウタはやや遅れたが参加し、授業の中で切り替わっていった。後からウタにこの時のことを聞くと、「ちゃんとできてると思ったのにできてなくて、嫌だった」とのこと。人一倍優しいタクがウタのことを心配していたよ、とすっかり持ち直したウタに伝えると照れくさそうにしていた。下校前に、ウタの了承のもと、涙の理由と周りがそっとしてくれたのが嬉しかったそうだと伝えると、すぐにタクが反応する。

「そりゃあ、あんなん、知らんぷりしかできんやん。もぉびっくりしたし！」

「えへへ、ごめーん」

「ごめんちゃうわぁ。まじびびったしな」

わちゃわちゃした雰囲気の中、笑いながらウタは帰っていった。そんな様子が嬉しくなり、学年にウタの涙と、それでも頑張って切り替えたことを伝えると、「香川の指導はおかしい」と両断された。泣いていても、〇分までに何をどうこうではなく、その瞬間、すぐに本人に非を認めさせて行動を改善させないといけない。就労したら、会社では誰も待ってくれないからだという。ウタは反抗的な態度も、暴力的なことも何もしていない。自分で自分の気持ちをコントロールしようとしただけだ。次の授業に五分遅れたかもしれないが、「遅れてすみません」と言え、授業は頑張った。息が詰まる思いがした。私は甘いのだろうか。

学年全体で、不登校傾向や生活自立に弱さのある生徒の欠席と遅刻が目立ってきた。いつのまにかそれが日常になっていた。ウタからは毎朝、遅刻の連絡が入る。ウタはじわじわと自分のキャパシティと学校が求めてくるものへのギャップに苦しんでいるようだった。そんな中、遅刻欠席の多さから、かなり厳しく生徒指導部長に追及されることがあった。あそこまで怒られるようなこと、これまでの人生で経験したことがあるのだろうかと思う場面だった。ボキボキに心が折れ、涙するウタとこれからどう行動を改善していくかについて話し合いながら「厳しさに負けず、恐れず、一緒に頑張ろう」と約束した。この時から徐々にウタの実態が見え始め、私の中で誰よりも気になる生徒がウタになった。

ある日の放課後。生徒指導部長から私の指導の甘さ、弱さを指摘された。

「香川先生みたいに、優しさで包み込む先生も必要。だけど、この学校にはウタのように家庭的に厳しい子も多い。優しいだけでは、意識していかないと、子どもになめられるぞ」

指導部長の言葉に衝撃を受けると共に、ウタの顔が浮かんだ。家庭訪問をする中で、母が全く家にいないこと、母は付き添うべき実習を常に欠席し、連絡も全く繋がらないこと。小学生の弟の面倒も含めて、家の役割をほぼ全てウタがしていることから、虐待の可能性があるのではないかと部長には報告していた。彼女が自由に使えるお金はなく、その日食べる物もないことがあった。弁当がいつも食パン一枚なのが心配で、何度も何度も夜に差し入れをしに行った。

それからは、私も周りに見られていることを意識して、今の指導で良いのか悩むことが増えた。なぜなら、タクが学校生活のストレスが原因で、私にだけ乱暴な言葉や態度をとる姿が増え、暴れるようになったからである。その度に「強い指導」でなければ彼に届かないのかと苦悩した。

また、遅刻を繰り返すウタの生活態度を周囲から指摘されることも多かった。ウタも、実習での失敗や、環境に過剰に適応しようとするばかりに、うまくできない自分に苦しむ姿がはっきり表れるようになった。注意されることが続くと、小さい子どものように不安や不満を表す。きちんとできない自分は、母に愛されなくて当然だという様子があり、「母に見捨てられたくない不安」「もっと自分を見て」という思いから、よりしんどくなっていると推察した。母からの自立を目指すことが、ウタの自立の課題だと考えた。そのためにも、ウタを中心に安心できる学校、親・学校への不満を発散できるリアルな友達の存在が特に重要だと考え、ウタが興味を持ちそうなクラス対抗スポーツ大会や、職場実習お疲れ様会などを企画したが、それよりも「SNSで知り合った人にだけ自分の本音が話せる」とそちらに居場所を求めて、ウタ自身がのめりこむことが増え、私の思いは空回りすることが多かった。

2 新体制発表

二年生に進級した。コロナ禍の始業式は各クラスで、テレビ放送で実施されることになった。クラス替えでは、一年時に引き続きウタ、タク、ヒロをもちあがった。彼らのいるクラスの発表で、「担任　香川」の名前が表示されると、タクの悲鳴が響き、フロアは大爆笑に包まれた。三月の休校から久しぶりの登校だったが、翌日からコロナの影響で更に二か月の休校を強いられた。必ず全員元気に再会しようと約束して、解散。しばらく見通しが持てない中、笑顔いっぱいで解散できたことが何よりだった。

ほとんどの教職員が他校に異動し、一年時から持ち上がった教職員は自分を含めて三人。その為、今後の学年指揮、修学旅行に向けた取り組みのほとんどを私が担うことになった。コロナ禍でどうなるか分からないが、ウタを中心に気になる生徒と、学年の不登校傾向の生徒たちを授業に巻き込み学年全員で連携していくことが必要であると考えた。

休校中、各家庭に電話連絡をしていると、コロナ禍の影響でしんどくなっている声をたくさん聴いた。ウタとは、最初は元気な声でやりとりすることができたが、休校期間が長引くにつれ途中から急に口調が幼子のように変わったのが気になった。また、いつ電話しても母は家におらず、子どもだけで家にいるのだった。

ウタの家は生活保護をうけている。母は精神的な理由で働きには出ておらず、ウタの目の前で何度も倒れているらしい。これまでも体調不良が理由で実習を全てドタキャンしているが、母と繋がりのある保護者の話では、母が男性と夜遅くに出歩く姿がたびたび目撃されている。

元々が不登校、昼夜逆転傾向の強いウタは、長い休校期間中に生活リズムが乱れた。そんな彼女に、母に電話を代わってほしいと言うと「いないです」と断られ、時には居留守の嘘、といった感じの対応をされることもあった。相変わらず母とは滅多に繋がれず、懇談等もドタキャン。何とか家庭訪問や手紙でやりとりしていたが、ここまで連絡が繋がらないのが不自然でしかたなかった。後に分かったが、この頃母は恋人に振られた不安定さから家出をしていたのだった。

休校期間が明け、学校再開初日にウタだけクラスにいなかった。ウタの家に電話をかけたが出ないので、本人の携帯にかけると、泣きそうな声で応答がある。寝ていたとの事だった。コロナの影響で、短時間登校だったので、午後に出てくるよう話した。

午後に登校したウタと今後の約束をした。今日みたいに電話連絡がない時、一年生の頃は私からいつも電話をしていたが、二年生になり、より自分の行動に自覚と責任をもってほしいと思い、今後は自分から学校に電話をかけるようにしていこうと提案した。昼を過ぎても連絡がなければ私から母に連絡することも伝えた。ウタ曰くどんな内容であれ、私が母に直接連絡をすると、母に怒られるらしいが、自分から電話ができるようになってほしいと伝えた。ウタも前向きに「やってみます」と答えた。その後、何気なくウタの話を聞いていると、昨夜は弟と自分用に夕食を作ったこと、夜は十二時に寝ているが、子どもが寝てから母が帰ってくること、兄は仕事帰りに晩御飯を食べて帰ることを聞いた。いつからそんな生活なのかを聞くと、「前からずっと」だそうだ。これはネグレクト、虐待なのではないか、管理職に相談したが様子を見るにとどまった。

ある日、寝坊だろうと思ったが、午後になってもウタから遅刻の連絡がない。約束通り、母と家にも電話をかけたがつながらない。母の携帯にメッセージを残し、午後の授業に戻った。放課後、家に電話をかけると、すすり泣きながらウタが出た。生理痛が辛くて、電話ができなかったとの事だった。普段から生理が重く、それが原因で授業中だるそうにすることはあったが、休んだり、遅刻したりすることはこれまでなかった。

電話口ですすり泣くウタに、無理せず過ごすように話したうえで、改めて約束のことを伝えた。間違いなく辛い状況だろう。それでも、将来働きだした時に、無断欠勤の影響からウタが崩れないとは言えない。実際、職場実習では体調不良からくる遅刻・欠席を何度も繰り返し、大きな課題となっている。ここ数日、休み時間には友達とゲームの話で盛り上がっている。ウタは自然と人を引き寄せる明るい部分がある。同時に、しんどい時には小さい子のように、泣いて謝り、自分がダメだった部分を許してもらうよう無意識に行動する。本当に小さい子どものようだ。ついつい、許してしまいたくなる。けれど、社会に出た時のことを思った。

「約束は約束。守ってください。どんなに普段頑張っていても、連絡するのは最低限の約束のはず。本当にしんどいのだと思う。でも、やるべきことをしましょう」

「はい」

「ウタ、厳しいことを言うけど、よく聞いてね。今後約束を守れないと、私もウタのことを守れません。ウタが困った時、しんどい時、あなたの理解者にはなれません。ウタ、自分の行動がウタってこういう人だよねって周りに評価されるの。約束を守れないことがつづくと、信頼関係がなくなってしまうの。それぐらい約束って大事なんだと思ってほしい。今日、連絡がなくて心配もした。母に連絡もした。約束を守れないほど辛い状況だということもよく分かった。ウタ、いつも心配しているよ。応援しているよ。いつでも、どうしたらいいですかってヘルプを出したらいい。私だけでなく、先生たちはウタの味方だよ」

ウタはひたすら電話口で泣いた。何度も声をあげて泣いた。くれぐれも明日も無理はしないように、と伝えて電話を切った。母には連絡があったことを留守番電話のメッセージにいれた。

翌日もウタは休みだった。タクを中心とした元気な男子たちが「またー？」とブーイングを起こす。相次ぐ欠席や遅刻、私との電話のやりとりは、なぜかいつもみんな知っている。ウタの心身の波と欠席について、二年生になった今なら、これまでとは違う理解が得られるのではないかと思い、学級のみんなに話すことにした。ヒロがそっと教室の扉を閉め、「ウタはどうしたんですか？」と尋ねる。

「昨日電話で話したら、すごくお腹が痛かったんやって。君らには分からんかもしれんけど……」

「分かる。あれやろ。生物の生に理科の理やろ」

「タク、うまいこと言うね。そう。でもね、絶対他のクラスの人には言わんでや。ウタだって知られたくないと思う。これはずる休みでもなんでもない。辛い人は、一日中何も食べられなくて、ずっと痛みに耐えて横になるのに、薬飲んでも効かない人だっている。もし体調良くなったら、学校に来るかもしれない。でも、無理はさせたくないし、みんなもウタに無理させないようにしてあげてほしい。そして、このことは絶対に他の人にも内緒にしてほしい。だけど、ウタのしんどさを分かってほしい」

「当たり前やん。俺らそんなん言わんで」

タクが力強く応えた。その言葉にほっとした。昼前に、半泣きでウタが電話をかけてきた。

「ウタ。頑張ったね。辛いと思うけど、よく電話をかけられたね。ものすごく嬉しいよ。昨日の自分ができなかったことを、よく頑張ったね」

ウタとの電話を切ったあと、教頭、副教頭が満面の笑顔で「良かった」と言う。午後の学年体育では、他クラスの男子がタクに「今日、ウタなんで休みなん？」と訊き、「腹が痛くてたまらんねん。

そっとしといたらなあかんねん」と話していた。

翌日、ウタはしんどそうに登校した。ヒロが「一緒に授業行こう」と声をかけていた。

その次の日はウタの誕生日だ。登校できるか怪しかったが、クラス委員主催の『ウタの誕生日会』企画がいつのまにか学年を巻き込んでのお祝いになっていた。HR直前にかけつけた友達や、タクの学年主任モノマネ、直後に主任本人が登場し、日直当番がハートのサングラスをかけながらパーティムードで「おめでとう」と祝福し、記念写真をとった。写真はラミネートをして、学年からプレゼントされた。

3 限界を迎えた不安定さ

ウタの不安定さは九月に入ると急に強まった。母の通院付き添いのための欠席、連絡なしでの無断欠席、頭痛やめまいによる欠席。彼女が登校できた日は授業での役割や、楽しい予定がある日、書類の提出日といった条件がつく日だけだった。また、ウタはよく眠れなくなっていた。自分で自分を殺す夢を見て泣きながら目覚めたり、母に「役立たず」と言われて、「聞いてください」と一気に思いを私に吐き出したり、不満を爆発させることもあった。ウタ自身、母をライバル視している様子もある。褒めてもらいたい、認めてもらいたい気持ちと「役立たず」と言った母の方こそ「家のことは全部ウタにやらせているくせに」と非難する言葉も増えた。それでも、いつか母に見捨てられるのではないかと恐れているようだ。「学校をやめたい」と言った日、辞めてどうするのかと尋ねると「辞めたらもっとちゃんと家のことができる」という返事だった。

母とウタに、今後どうアプローチすることが良いか、スクールカウンセラーに相談すると、ネグレクトの可能性が高いと判断。ウタからの情報でしか家の様子が分からないこと、本当に母が家にいないのか、ウタが毎日食事や弟の面倒をみているのか不明な点が多すぎる。ウタが学校を休んでも、母の影はなく、母の携帯に連絡をしても留守電になるだけだ。以前はウタが無断で欠席すると、厳しく叱っていたがそれもない。ウタへの関心が圧倒的に少なくなったようだ。私の中で分からないことが多く、自分にできることはないのかと焦りや苛立ちが募った。その焦りから、「母ではなく、ウタを変えるしかない」と強く思い、「企業就労を望むのであれば、やるべきことをやりなさい」と、学校が求める生徒像をウタに押し付け、こうすることがウタのためになるのだと感情的になり、後悔することも多かった。昨年あんなにも「こんな指導は指導じゃない」と嫌悪していた「強い指導」をウタにしてしまっていることに気づかないほど、どうしようもないくらい、私自身も苦しんでいた。困っていた。

第三者からの客観的な情報や判断がほしいと訴え、教育委員会のスクールソーシャルワーカー、指導部長、副教頭、学年主任、高等部学部長、カウンセラー、担任を交えての拡大ケース会議が開かれた。ウタはヤングケアラーであり、児童相談所に連絡すれば保護の可能性もあるが、ウタがものすごく頑張っているゆえに保護されない場合もあるとのことだった。

今後は、スクールソーシャルワーカーを通じて生活保護、障害保健福祉のケースワーカー、弟が在籍する小学校との状況共有を定期的に行う。子ども食堂や未成年の居場所づくりを行っている地域の資源の活用をウタに促す。母との連絡を途絶えさせないために、手紙でのアプローチを継続する。なぜウタが学校で不調を示すのか理解を広める等、ひとつずつ行っていくことになった。月に一度、ケースワーカーが小学校に訪問し情報を得る中で、行政には弱弱しく従順な母の姿、小学校では教育熱心で完璧主義なママ像という新たな姿がどんどん明確になっていった。

十一月。その日は、突然訪れた。ウタが倒れたのだ。栄養失調と過労、ストレスが原因だった。ウタは学校祭の練習に大盛り上がりで参加し、放課後の誰もいない教室で一人で小道具作りをしていた。そろそろ下校を促さねばと見に行くと、教室の床に倒れてピクリともしない。救急搬送され、これまでの家庭生活の問題から、ウタは児相に一時保護されることになった。母よりも先に病院に駆け付けたウタの兄は、半年前から家を出て自立し、ウタの現状を何も知らなかった。

管理職から、ひとまず今日のところは解散と指示されたが、私は胃が痛くてたまらない。すぐには動けなかった。なぜここまで、ウタが追い詰められなければいけなかったのだろう。こうなるまでに、もっと早く手を打てたのではないのか。自宅へ帰る道すがら、涙が止まらなかった。

病院で安静に過ごしたウタは、家ではなく児相に保護されると知るや号泣し頑として拒否した。保護されることは、彼女にとって母に捨てられることを意味していた。それでも、イエスと言うしかないと諦めたが、ウタは了承したばかりに、家族が自分のせいで苦しんでしまうと自責の念を抱えてしまう。保護解除については母が家庭の役割を担うこと、母とウタを見守り支援する体制を親族が整えること、それが難しいのであれば他の親族の家で生活することが条件として提示された。一家は、自立していた兄も巻き込んで、祖父母の家に同居することが決まった。居住区が変わらないことから、継続してケースワーカーも家庭支援を行うとのことだ。

母がどうしてウタにだけ厳しいのか、保護解除になるまでの数か月の間に少しずつ分かってきた。母は昔から、優秀な姉妹と比較されていた。母自身も発達障害を抱えていたが、障害受容ができなかった祖父母が、その事実をウタが生まれるまで母に隠していた。自分に障害があるから、ウタのような子が生まれたのだと強くショックを受けたという。その時、母はまだ二〇歳になったばかりだった。成人し、順調にキャリア、家庭を築く姉妹に対して、結婚に失敗し、定職に就いても対人トラブルから離職を繰り返したウタの母は、実の親にも誰にも頼れず、やがて生活保護を受けるに至った。日々の苦しさの中、下の弟を身籠ったが再婚には至らず、精神を病んでしまった。ウタへ母としての愛情はあるが、それ以上に同じ女性として、ウタの若さ、障害、不登校が許せず、過剰に厳しく接してしまっていたと児相からの報告で明らかになったのだった。

改めて、ウタの過酷な現状に理解が深まる一方、だからといって遅刻や体調不良、メンタルの不安定さをこのままにはできなかった。保護解除後のラスト一年をどう乗り越えていくのかが課題である。ウタについて、学年の生徒らには長期入院中であると説明し、医者の指示で療養のため、ＳＮＳを辞めていると説明をしていた。生徒は誰もが納得し、心配した。

こんな状況でも、企業就労を本人、保護者のどちらも望んでいる。現状ではおよそ難しい。

4　三年生　進路決断に向けて

最高学年へ進級した。クラス替えで、これまでウタの理解者だったタクは離れたが、ヒロとは一緒になれた。圧倒的に実習経験が少ないウタだが四月に実習が入った。実習をやればやるほど、入学当初のやる気に溢れた姿はなく、指示されたことを淡々とこなしていく。ウタの家から近いスーパーの実習では、本人が望めば内定が出るほどだったが、食品の匂いがきつく、卒業後長く働けないことが懸念され、断らざるを得なかった。進路指導主事、母、本人を交えての進路相談では、福祉就労に興味を示したが、母の「検討するが、あくまで一般企業で」という言葉にウタも同調し、方向転換。すぐに企業に実習へ行ったが、ここで働きたいという意欲が本人にはない中で雇用をかけた実習をする意味があるのか、疑問を感じた企業の判断で初日に実習が打ち切りになった。ウタは実習打ち切りに対して、何も感じてない様子。彼女が気にしたのは母がどう思うかであった。彼女にとっての就労は、母の望むところで働くことなのだ。

母からの自立を促すのではなく、本人の望む生活の場（母のそば）で就労することが今後の道筋だと明確になる。しかし働く場は、ウタが自分で決めなければ、周囲に過剰適応した入学時に逆戻りだ。母とウタは別人格であることを自覚させると共に、ウタの就労への願いをより具体的に、現実的にすることが求められた。しかし三年生になってから、ウタは『自分の』思いや考えをほぼ言わなくなってしまっていた。ウタの企業就労は到底難しい状況だったが、地域の職業センターやハローワークをフル活用して、「これからの生活」について考え、行動した。求人票の検索、事業所の見学、職業センターの登録と進路先の紹介。その他に生活保護と障害福祉課とのケース会議、ウタに合う会社の開拓、毎日、地元をあちこちと走り回っていた。ウタ自身も、私や進路の先生と一緒に様々な会社を見ていく中で、徐々に福祉就労と企業就労の違いや、自分が魅力を感じるのは福祉就労だと、働き方に対するイメージや輪郭が明確になっていった。それは同時に、『母の期待に応えられない自分』を受け入れなければならず、辛く苦しいものだった。時にはそのしんどさを吐き出すために、人前で荒れることもあった。

毎日しんどそうな表情でギリギリに登校する。遅刻してきても、悪態をついても、情緒面からくる不安定さでウタ自身が参っていた。保健室で半日寝て過ごすこともある。そんな彼女に対して、職員室では「あれでいいのか。あんな状態で来られても困る。ちゃんとさせてほしい。あれで就職するのか」という言葉が多い。その度に「あれが本来のウタです。学校に来るだけで精一杯なんです」と伝えていたが、私自身も苦しんでいた。認められる点、乗り越えなければならない点があまりに多く、時間はない。でも、私が焦ったところで何も変わらない。今のウタには安心できる場所、安らげる人が限りなく少ない。保健室は、彼女にとって最後の逃げ場所なのだ。

ある日、保健室に行ったウタに、管理職からは休ませてあげるようにと指示される。ほとんど頭まで布団をかぶって、寝たふりをするウタの髪をなでた。

「ウタ。よう来たなぁ。こんなにしんどいのに、がんばってきたな」

「寝ても全然よくならんの。家ではちゃんと寝てるんですよ。なんで良くならんのかな」

「体と心が『これ以上無理』って言うてるんじゃない。元気バリバリってなったら授業に戻りよ」

なでていた手を放すと小さい子どものように、さみしそうな顔をし、泣きべそがばれないように、ウタは寝返りを打った。愛情を求めている姿が、進路の不安からかより顕著に表れることが増えた。午後の学年での授業も寝ていたため遅れてきた。そんなウタは、呼びに行った先生に「ご飯はまだです。授業行きたくない。でも行かなかったら香川先生に怒られる。どうしよう」と言っていると聞き、「ご飯食べてから授業に来なければ、そりゃ怒る」と伝言してもらう。授業には「遅れてすみません」

と久しぶりにパリッとした、大人の求めるちゃんとした声で入ってきた。

その日の掃除の時間、ウタがクラスの男子に上から目線で掃除について発言し、相手が泣くということがあった。ウタは「私のせいで泣いているの？　私は悪くない。あれくらいで泣いてんの？じゃあどう伝えたらよかったの。こんなことくらいで泣くなんて、これから社会に出て大丈夫なん？やばくない？　これからの方がしんどいんじゃないの」と目を吊り上げる。

「もう何があっても話さない。ややこしくなるから。だから、何も言わないようにしてるの」

ハリネズミのように攻撃的な態度のウタ。自分が傷つくまい、非難されまいと自分を守ることに必死だ。言葉の端々から、一時保護を受け入れてしまった自分を責めているように聞こえた。

「それは保護された時のことがあるから、言っているんだね」

ウタはこらえきれずに泣いた。怖い顔で、体を固くして無言で泣いた。私も泣いた。

「あれから、自分のことを自分の言葉で話すのも減ったね。いつだって母、母って、だからいつも『あなたはどうしたい』って聞いてたんよ」

「だって、私のせいで家族みんなが不幸になったから」

「違うよ。ウタを守るために、みんながウタのしんどさを分けっこしたんだよ」

ウタは涙しながらも、落ち着いてから「八つ当たりだった」と反省して男子に謝罪した。

学年は「もうすぐ卒業か」と寂しさを露わにするタクを筆頭に、今後の希望に向けた明るさと、後輩や先生方に感謝、恩返ししたい、進路未定の仲間のことは全力でケアしたい、そして楽しいことがしたい、というこの学年の素直さや優しさがじわじわと雰囲気を作っていった。一方で、進路不透明メンバーの最後の「葛藤」が各クラスに重くのしかかっていた。現在の学年体制で動けるタイムリミットをヒリヒリと感じている中で、ウタは覚悟を決めて進路に向き合うように変わったが、企業就労にこだわる母の揺れは激しいものだった。その度に、「不安なのは分かります。でも、誰のための就労か、誰のための進路か」と語りかける日々だった。

最後の可能性として浮上したのは、福祉就労のT事業所とH事業所だった。自宅から近いだけのT事業所と、かなり遠いが作業に魅力があるH事業所。T事業所の実習では、これまでの課題であった遅刻、欠席はなく、作業能力の高さから余裕があるが「ここで働きたい」という決め手は得られなかった。きちんと本人が自己選択・自己決定できるかが今後の「鍵」だった。

ウタの悩みやT事業所の長所と短所を話し合い、言葉にできない彼女の思いを表にまとめた。その表を持ち帰って、もう少し自分で考えておいでと伝えた。『自分がどうしたいのか。自分はどう思っているのか』間違っても『母が・先生が・周りが』と周囲からの意見を、自分のものだと錯覚しないように念を押し、その日の振り返りを終えた。翌日、ウタの方から「母に紙を見てもらいました。先生と一緒で『自分が』どうしたいか、時間かかってもいいし先生に相談してもいいし、『自分で』決めなさいと言われました」と報告があった。

「自分で決めるのって、すごくエネルギーいる。しんどくなる。でも待つよ。安心して」

少しして、ウタは以前、見学をキャンセルしたＨ事業所について尋ねてきた。

「なんでもハッキリ言ってくれて、あったかい、家族みたいな、『ありがとう』がいっぱいある職場。でもウタの家からはものすごく遠い。学校より遠い。気になる？」

「気になる。見学して、もし良いなら実習もしたい」

「分かった。Ｈ事業所に電話しよう。ただ先生が良いって言ったからじゃなく、自分で見て感じて、『自分』で決めるんよ」

「わかっています。実習して、ＴかＨのどちらかで決めたいです」

ウタが授業に行くのを見送り、すぐに見学と実習の連絡をとり、母にも電話した。

「ウタから、お母さんと話をしたと聞きました。『自分で決めなさい』と伝えてくださって、ありがとうございます。本人もようやく『誰かに決めてもらう進路じゃなくて、自分で決める進路』だと意識づけされてきたみたいです」

「私も親だから、企業就労が難しいなら、せめて家の近くのＴにしなさいと本当は言いたいです。けど、これまでの結果が今だから。先生お願いします」

Ｈ事業所での見学後、ウタは目をキラキラさせていた。周りに花が咲きそうな勢いで、実習も自然体で挑めた。無理に環境に合わせることもなく、楽しくやっているという様子だ。実習を終えて、最後にT事業所とH事業所のどちらに進むかの決断は悩んでいたが、「今のウタは、自分のできる精一杯で向き合っているね。ゆっくりでいい。頑張っているのがよく分かる。たぶんウタの中では、どっちにするかの決断はできていると思う。でもそれを言葉にすると後戻りできないと思っているから踏み留まっているのかな。待つからじっくり決めて」と伝え続けた。伝える言葉はいつも同じだが、ウタはその言葉を確認するように何度も聞きにくるのだった。

ある日から、タクが「香川先生やから、俺らのこと分かってくれているし、信頼しているから言うけど。仲間やし。ウタのこと、俺にできることは何かなって考えて、先生、ウタのこと最後まで見てあげてや。俺もまた伝えるから。だって、あいつ頑張ってるんやから。先生の思いは絶対あいつに伝わってると思うから。頼むで」とウタの悩みを聞いては、その都度教えに来てくれるようになった。その言葉に支えられた。

数日後、ウタの返事は「H事業所に行きたい」だった。卒業式まであと二週間。採用を見極める実習は卒業式後に決まった。卒業式までのラストは、怒涛の日々だったが生徒に救われてばかりだった。私は三年生を送る会での振り返り動画を見ては泣き、クラスごとの卒業式練習でも毎回泣く。子どもたちは嬉しそうに笑い、それを聞きつけた他クラスの生徒が「また泣いてるやん。卒業式、どないするん？」と駆け込んでくる。卒業式の予行練習後は管理職に向かって「当日誰よりも早く泣くのはうちの担任や」と自慢している。タクがＰＴＡ通信に寄せたメッセージを私が読んで、その中身にまた泣く。卒業式は大号泣だった。生徒も保護者も「だろうな」の笑顔。ウタとは「香川先生はやっぱり香川先生だ」と明るく笑ってツーショットを撮った。

翌週から、ウタの最後の実習がスタートした。まとめの会を終え、ウタが帰った後に「ここだけの話」として、Ｈ事業所と情報交流をした。家庭のしんどさ、虐待、母の課題等あらゆることを伝え、それらを承知の上で、Ｈ事業所はウタを採用すると宣言した。

ウタはまず二年間をめどにＨ事業所の利用者として通う。最低賃金×働いた時間分の給与が支払われる。本人と母が正社員を目指しているから、後々に転職をするだろうと伝えると「後にうちの正社員になることだってできる。本人の手先の器用さや、特性に応じて働くことだってできる。本人がチャレンジしてくれるなら、うちで正社員になってほしい。そして、一人の女性として彼女を支えていきたい」とおっしゃられる。涙が出た。嬉しかった。

ウタは卒業後一年たった今も、Ｈ事業所に通っている。進路の先生が様子を見に行くと、鼻歌で作業するほど「ありのままの自分」を出せているようだ。まずはもう一年。そして次のステップへ。どんな時も、どんなことも、自分で選べること、失敗してもやり直せること、困った時は助けてくれる人がたくさん周りにいることを感じながら、ウタらしくこれからも歩んでほしい。

解説

葛藤と軋轢を乗りこえて

廊下に響き渡る声で怒号を発する教師たち。「こんな指導は指導じゃないね」「甘い」「やんちゃな奴らを前にした時にちゃんと指導できるのか」と香川さんは同僚教師から迫られる。「優しいだけでは、意識していかないと、子どもになめられるぞ」の言葉は、きっと読者の不安を煽ったことだろう。

A支援学校高等部は、卒業後の企業就労を目標に、企業実習を含む日々の指導を重ねている学校である。しかし、ここで生活している生徒らはハンディキャップを持つ子等である。ウタを始め、発達障害や知的障害を重ねもち、学習面・生活面・コミュニケーションにも困難を抱えている。ウタはそれらに加えネグレクト状態に置かれており、精神的にも常に不安定である。活動的で過覚醒状態の時と、起きることも辛く鬱状態の低覚醒状態の時がある。しかも母に代わって家族を支援するヤングケアラーでもある。母からの「見捨てられ不安」を抱え、母からの承認を強く求める一方で、自分が出来なかったことへの代理者としてウタに大人の行動を一方的に要求する母からの期待にも縛られている。時に生徒たちから反発され、時に同僚からの冷たい視線に晒されながらも、なぜ香川さんは燃え尽きることなく最後まで伴走し続けることが出来たのであろうか。

❶ 共感的他者として、ウタさんの自立へのジグザグに寄り添う支援

「生徒に寄り添おう」、そんな言葉が職場でも以前より聞かれるようになった。子どもが抱えている種々の困難を教師として理解し、共感的に支えようというのは重要な視点である。しかし、表面的な共感は、子ども側からのちょっとした反発や同僚からの「そんな指導は甘い」といった言葉で簡単に揺らいでしまう。それらをまともに受けいれて、指導を表面的に厳しくするとたちどころに子どもに見透かされ、結果として関係が悪化してより指導が通らなくなった経験をもつ教師はきっと星の数ほどいるだろう。

子どもの成育歴と置かれている状況の正確な把握なしには、本当の共感は生まれない。香川さんはなかなか繋がらない母への連絡も諦めない。何度も家庭訪問を繰り返し、まともな食事が取れていないとみると差し入れもする。時には「今後、約束を守れないと、私もウタのことを守れません」と厳しく要求しつつも、「ウタ、いつも心配しているよ。応援しているよ。……私だけでなく、先生たちはウタの味方だよ」と心に響く言葉を探し続けている。

ウタさんの置かれている家庭状況を掴もうと努力する。しかし、学校にきちんと向き合おうとしない母の態度とウタさんへの関心の低さや自分本位な生活（体調不良といいながら夜は男性と出歩いている等）ゆえ、確固たる情報を得ることが困難であった。それでも諦めずにウタさんの生活状態を管理職や同僚教師へ訴え続ける。

同僚教師等は生徒と教師には強く要求をするにも関わらず、ウタさんの被虐待状況への理解と支援への動きは驚くほど遅々たるものである。「ウタがヤングケアラーであり、児童相談所に連絡すれば保護される可能性もある。ウタがものすごく頑張っているゆえに保護されない場合もある」と拡大ケース会議で発言があるが、これはこの学校の核になっている者の責任回避以外の何ものでもない。なぜ、通告を避けるのか理解できない。その結果、とうとうウタさんは栄養失調と過労・ストレスから倒れることとなる。「教室の床に倒れてビクリともしない」という様子から、解離状態に陥っていたとも思われる。ここに至って、ようやくウタさんの家庭への福祉支援と学校の繋がりが本格的に動き出した。そこまでに、香川さんが繰り返し管理職等に働きかけ、「第三者からの客観的な情報や判断が欲しい」と強く訴えていたことを見逃さないことが重要である。支援はもっと早く出来たはずなのだ。諦めない姿勢がようやく一時保護への道を開いた。

❷ 自己決定による進路選択を実現するまで

進路選択は自己決定が要である。周囲がいくら「あなたにはこちらの方が適している」と強く助言しても、それが最終的に納得に基づいた自己決定でなければ、うまくいかない時に責任を引き受けられない人生を生きることになる。母親は強く「一般企業での就労」を望む。ウタさんは母からの承認欲求ゆえに、魅力を感じるのは福祉就労であるにも関わらず納得しないままその願いに応えようと揺れる時期が続く。辛さゆえに心身とも限界に追い詰められ、逃げ場所である（安全基地でもある）保健室で過ごすことが多くなる。

しかし、香川さんはぶれない。職員室で「あれでいいのか。あんな状態で来られても困る」と指摘されても、「あれが本来のウタです。学校に来るだけでも精一杯なんです」と毅然と伝える。この言葉も簡単に言っているのではない。香川さん自身が『本当にこの関わり方で良いのだろうか。進路への支援も間違ってはいないだろうか』と不安が押し寄せたことも一度ならずあったことだろう。成育歴に基づいた親子関係への共感的理解が深ければ深いほど、こういった局面で正しい判断が出来るようになる。だから、ぶれないのだ。

ここで注目したいのは、香川さんの母親への共感である。児相への一時保護を契機に、福祉ケースワーカーとの連携等が進んだことで、母の生い立ちも深く知ることになる。母自身の発達障害に加え、姉妹との比較で落ち込み、また自身の離婚、そして離職の繰り返しから精神をも病むようになった経緯を知る。ここに至るまでの二年間で母親への憤りは随分もっていたはずの香川さんだが、ウタさんへの愛情を持つも同性であるが故に複雑な感情を我が娘に抱いてしまう母の生き辛さを一人の人間として受け止めている。親との共闘なしには、ウタさんの進路実現は期待できない。あれだけ企業就労にこだわっていた母に対し、香川さんは「不安なのはわかります。でも、誰のための就労か、誰のための進路か」と語り続ける。このぶれない姿勢と粘りが、母の心を溶かしていく。そして『自分で決めなさい』という言葉を母から引き出すのだ。

それでも、香川さんはウタさんにすぐには結論を出させない。「たぶん、ウタの中では、どっちにするかの決断はできていると思う。でもそれを言葉にすると後戻りできないと思っているから踏み留まっているのかな」と、ウタさんの深層心理を言語化する。「待つからじっくり決めて」という言葉は、進路指導に関わる全ての教師の胸に刻みたいフレーズだ。

❸ 学級集団への呼びかけと応答

ウタさんへの学級の仲間の視線が限りなく温かい。自然発生的にこのような生徒／集団が育ったのではない。香川さんの一人ひとりへの共感的理解と丁寧な支援があったからこそである。二年次に「今なら、これまでとは違う理解が得られるのではないか」と考えた香川さんは思いきって学級集団にウタさんの個別の事情を語る。「絶対に他の人にも内緒にしてほしい。だけど、ウタのしんどさを分かってほしい」と。

タクさんは「当たり前やん。俺らそんなん言わんで」と力強く返す。そして、彼は他学級の生徒からウタさんの欠席理由を聞かれても「そっとしといたらなあかんねん」と話す。香川さんからの呼びかけに、しっかりとやんちゃな男子が応答している場面だ。一年次でも、ウタさんが職場実習経路調べで香川さんに調べ直すように指導されプライドから涙を流した場面で、「みんな気づかないふりをして……静かにこちらのやりとりを見守って」いたとある。この配慮は担任の生徒への接し方から学んだと言っても過言ではなかろう。卒業が迫ってきて、「後輩や先生方に感謝、恩返しをしたい、**進路未定の仲間のことは全力でケアしたい**」という学年の素直さや優しさも一朝一夕で生まれたものではない。同じような生き辛さを抱えている人間だからこそ、徹底して寄り添ってくれた教師と仲間に、その本気度へ応えたいという思いが育っていたのだ。人と人の絆をしみじみと実感させられる記録である。

（谷尻　治）

第3章

困難な状況をどう打開するか
―実践の視点―

この章を読んでもらうにあたり、まずお断りしておきたいことがある。現状が困難を極め、あなたが絶望的な状況に陥っているとしたら、三つの選択肢があると私は考えている。

一つ目は、一旦休んで心身の快復を待つこと、つまり、休職するということである。「そんなことをすると、同僚にも子どもたちにも迷惑がかかってしまう」と思っておられるかも知れない。その責任感の強さがあなたを追い詰めてきたのだ。エネルギーが尽きるまで自分の心身を酷使する必要はない。自分を大事に出来ない人は他者をも大事に出来ないのではないだろうか。まずは自分をいたわってもらいたい。

二つ目は、教職を続けることにこだわらず、退職か転職を考えてみるということである。にっちもさっちもいかず、今日生きることさえ辛い……。そんな方が読者におられるかも知れない。そこまで追い詰められているなら、人生をやり直し、自分が自分らしく生きられる道をじっくり考えてみるというのもあって良いと思う。

三つ目は、あなた自身の教師としてのスタンスを変えるということである。スタンスを変えることでまず子どもの見方が変わる。子どもの表面的な問題の裏にある背景が少しずつ見えてくる。そのことで子どもとの接し方、教育実践の進め方が変わり始める。この道はなだらかではない。デコボコ道が続き、歩み辛い長い道になるかもしれない。しかし、教師が変わり始めると子どもも少しずつ変わり始める。教室の空気も少しずつ変わり始めるだろう。

私は教師になってすぐ、先輩に誘われて生活指導・集団づくりを学び始めた。学べば学ぶほど、新しい気付きが生まれ、自身が更新されていると感じる。この四〇年あまり、「もう限界ではないか。自分がやっていることは『教育』の名に値しないのではないか」と感じたことも一度や二度ではない。最も状況が厳しかった学校では、学校目前の横断歩道で足が止まって渡れなくなり、そのまま引き返してしまうという経験もした。それでも諦めず石にかじりついて無我夢中で子どもたちと向き合い続けている内に、状況が変わっていき、気がつけば生徒とも穏やかな関係になり、教室が平和な空間になっていった気がする。

ある夏の学習会で中堅の女性教師が一学期の大変な状況を報告された。その状況をどうすれば変えていけるのかを参加者で議論した。私は飛び交う意見を聞きながら、「あんなに力量のある先生でも、そんなにキツイ状況が生まれるのか……。気分転換に気の合う人とドライブしたり、趣味の時間を増やしたりするなどして、心が折れないようにしたらいいのだろうか……」とボンヤリと考えていた。その時、「実践の悩みは実践でしか解決できない」とスパッと言い切った方がおられた。幾多の難しい状況を確かな実践で変革させてこられた方である。

その言葉を聞いて以来、自分が困難な状況にぶつかると、「実践の悩みは実践でしか解決できない」というフレーズは繰り返し私の頭の中で響く。では、どのように「実践で解決」すればよいのだろうか。「それが出来なくて困っているのです！」という声も聞こえてきそうだ。実は実践は一つの道しかないのではない。指導には色々な正解があるのだ。一言で言うなら「自分の強みをみつけて磨いていき、教育実践の形にまで進化させる」ということである。以下に、三つの視点で具体的に述べていこう。

1　問題行動の裏にある「ワケ」を考える

「問題行動にはワケがある！」このフレーズは、私がよく語るものである。その子なりその集団なりの原因があって、問題行動となって表れているのだ。子どもの生きてきた背景を知ることで、なぜ荒れているのかやなぜそんな行動を取ったのかが分かってくる。分かっただけでは不十分かも知れないが、指導の手かがりや実践のヒントが浮かび上がってくるだろう。

義父からの暴力的な虐待で苦しんでいた男子生徒Kさんのことで話を進めたい。彼を最初に意識したのは一つ上の姉が保健室で養護教員に語った「家出したい。義父が家庭で暴力を振るうのが耐えられない。弟（Kさん）に対して特にひどい」という話だった。まだ、児童虐待防止法が成立したばかりの頃で、躾という名の親による体罰が日常的にあった時代である。少し経った頃から、校内で奇妙な事件が相次いだ。誰の仕業かわからないのだが、器物破損が相次いだのだ。一度に七台の自転車がパンクするという事件も起こった。

やがて、ひょんなことがきっかけで、それらはKさんを中心に行われていたことを生徒指導担当の私が掴んだ。情報提供者のことを隠しながら彼から事情を聞き出し、職員室へ概要を報告に行っている間に、私の代わりにKさんに付いていた教師がKさんへ説教めいたことを話していた。話の流れから、どうやら義父の躾をめぐる話題だと分かった。義父の体罰を「きみのことを考えて義父さんは……」と説いている時に、私が「Kの辛い気持ち、わかるわ」と横から言うと、Kさんは激しく泣き始めた。「お風呂湧かした際にお湯がちょっと熱いと殴られる。算数の点数が悪いと深夜まで正座で勉強させられ『こうしたら成績が上がるやろ！』って言われても、そんなん何も嬉しくない！」と。

器物破損を繰り返したり、同級生らに暴力的に関わったりしてしまうKさんの問題行動の裏に抱えていた苦悩（荒れのワケ）に初めて触れたのだ。この件については「お義父さん、今から報告させていただきますが、決して暴力は振るわないと約束してください」と断ってから、両親に経緯と彼の反省の姿勢を伝えた。以後、義父の暴力からいかに彼を守るかが大きなポイントとなった。

紆余曲折を経ながら、Kさんは二年生に上がった。担任はやんちゃな生徒の指導にたけているＩ先生にお願いした。Kさんは、勉強は苦手ながらも職場体験でたくましい姿を見せたり、学年劇で好評を得る演技を披露したりと成長を感じさせてくれた。しかし、三学期頃から再び落ち着きがなくなり始める。落ち着きをなくすワケが何かあるのかと心配していた矢先、隣県から転入生が来た。前の学校で問題行動を繰り返し、他校生らとの関係を切るために親の意向で転校してきたというDさんだ。これがきっかけとなり、元々やんちゃだった男子らもいっきに突出した行動を見せ始めた。

三年生に上がった始業式の日。学級開きの一時間は大変だった。担任のI先生は二年から持ち上がりで、家庭の事情もよく理解されKさんを熱心に支えてくださっていた。しかし、教室でのKさんは異様な様子で、大声を出す、立ち歩く、教室から飛び出す等を繰り返す。学年主任として支援しようと廊下にいた私に向かって「あほ、ボケ、このウジ虫野郎が！」と挑発してくる。一時間中そんな調子で、職員室に戻ってこられたI先生と「この先が思いやられるわ。でも、絶対に何か抱えているのでは？　背景が何か知りたいね。義父の帰宅する時間を狙って家庭訪問しましょう」と意見が一致した。

両親の揃っている前で、「今日はKさんがこんなに悪さをしていますということを伝えに来たのではありません。ひどい状態の背景に何があるのか、それを取り除いてやりたくて来たんです」と切り出した。すると、母親は家庭の問題を赤裸々に語り始めた。この三ケ月間、家庭内離婚の状態が続いていたこと、三日前に大喧嘩になり、双方の祖父母まで乗り出してきて離婚を迫られたが自分たちは別れないと結論を出したこと……。先生への暴言は夫（義父）が自分に繰り返し吐いていた暴言そのものであること等だった。つまり、Kさんの昼間の暴言は、「虐待の再演」とよばれる行為そのものだったのだ。

「Kさんの荒れていた背景がわかって良かったです」と私はつぶやいた。ひとしきり話し込んで、私たちと両親との間はグンと距離が近くなった気がした。Kさんはじっと身体を堅くして聞いていただけだった。その三日後に、転入生のDさんがちょっとしたことが原因で激しく暴れ、はじめは傍で囃《はや》し立てていただけのKさんがやがて興奮し始め、最後には「大人だけ勝手に納得しやがって!」と叫びながら飛びかかってきた。Kさんの行為のワケを表面的に「分かった」つもりの私たち教師に、彼は全身全霊で怒りをぶつけてきたのである。

この件を境に私たちは腹をくくって、やんちゃな男子生徒らに向き合うことになる。激しいぶつかりもあった。修学旅行の前には保護者に集まってもらい、対策も検討した。義父がKさんに「おまえ、旅行中に問題起こしたらどうなるか、わかってるやろな!」と脅す。不安があるから「俺は旅行に行かない!」とKさんは言い始めた。「学校をサボってDさんの家に集まって、Kを説得している」とやんちゃ生徒から連絡があり、部屋へ乗り込んで男子生徒らと一緒にKさんを説得し、「絶対に旅行に連れていくからな!」と啖呵を切ったこともある。

うまく指導できないことが続いた。「絶対に生徒を見捨てない」、これがその頃の信念だ。Kさんは夏休みには三度の家出。その合間に法に触れる行為も犯し、とうとう帰宅が困難となった。町を彷徨っているところを同僚がみつけ、ラーメン店で説得し、児童相談所の一時保護へと繋いだ。児相へ向かっている時の車中で、Kさんは「虐待にあっている人に、どんな気持ちなのかを聞いてみたい」

とつぶやいた。

専門的な調査も行った上で、児相所員は「これは虐待のケースです」と言いつつも、「彼に自制する力をつけさせることで親子の関係性を改善したい」という方針を出してきた。納得出来るものではないが、それ以上、行政へ口を出せる権限は私たちになく、学校で支えられることを必死でやり続けた。ある時、やんちゃ仲間のAさんが他校生と揉めていることが分かった。事情を聞く中で、私は「わかった。この件は私に任せてくれ。きちんとカタをつけるから」と話した。しかし、Aさんは「教師なんか信用できるか！」と激しく抵抗する。彼も父親の女性関係がきっかけで荒れていたのだ。と、その時、傍にいたKさんが「俺はタニケツの言うことを信じるわ。タニケツの言葉に嘘はない」と返してきた。タニケツは新採時に生徒からつけられた私のあだ名である。Aさんも私も「えっ？」と言葉に詰まった。『あんなに反抗的なKさんなのに……。そんな風に思っていたのか……』と正直驚いた。やがて「わかった、もういいわ」とAさんは矛を収めてくれた。

住み込みでの就職が出来るよう、不況の中でハローワークにも何度も足を運び、Kさんの就職先も決まった。卒業直前にKさんに会いに家庭へ足を運んだ。金銭問題が起こっていてそれを止めることが目的だったが、両親には聞かせたくない話なので、家から離れて話した。その時、Kさんは「俺、児相に一時保護された頃、いつもカッターナイフを持っていたやろ？　あれは『死んだらどうなるのかな』と思い詰めていたからや。あの頃は、自分のことを世界で一番不幸な中学生やと思っていた。

今はそう思ってない。俺はラッキーな人間や。運があるんやな」と話してくれた。

荒れた言動の裏側に、子どもが抱えている苦悩への共感的理解なしには、指導も支援も空回りするのではないだろうか。子どもの問題行動に出会った時に、『なぜ、こんなことをするのか？』『何に苦しんでいるのか？』を多角的・多面的に観ようとすることが重要である。その際、一人で考えるよりも一緒に考えてくれる仲間がいるとありがたい。

2 子どもに委ねる

二校の六年生の計八クラスの内、三クラスが学級崩壊に陥っているという学年の生徒らを、中学入学時から三年間持ち上がったことがある。この学年の生徒らは中学一年生の一学期から私たち教師の予想を上回るペースで問題行動を起こし始めた。それまで培ってきた指導のノウハウが通じないと痛感させられた。

二年生春の校外学習は散々だった。奈良の明日香で班別行動を行ったのだが、ルール違反が続出し、嫌な思い出がたくさん残ってしまった。悩みに悩んだ末、冬休みに決意した。『このままで終わりたくない。この状況は辛いが、逃げていても何も変わらない。これから迎える二つの行事を軸に、思い切って生徒らに委ねてみよう』と考えた。それまで、問題行動に追われ、リーダーへの指導も不十分で、何より問題行動を起こしがちな子どもらを主体として活動を展開する発想が欠けていることに気づいたからである。

三月の三年生を送る会と六月の修学旅行へ向けて、生徒の実行委員会を起ち上げようと学年会へ提案した。『旅行本番が大変なのは当然のこと。しかし、例えどれだけ当日に問題が起きても、行くまでの半年間は学校が土俵。ここで色んなことを学ばせることが出来るはず！』と、問題を起こさせないという指導から、問題が起きても取組の過程で生徒を育てられるはずだと発想を変えたのだ。

学級代表委員に加え、新たに選出された旅行委員で修学旅行委員会を起ち上げた。総務部・生活部・学習部（三年次はレク部を新たに導入）、総勢三五名からなる実行委員会である。同時並行で、送る会実行委員会も起ち上げて活動を始め、学年の多数の生徒を、教師からの指導を待つお客さん状態から学年行事の主体者へと変えていった。

修学旅行の悩みの一つが東京での行動をどうするかだった。というのも、奈良明日香での班別研修では混乱が生じていて、二の舞には絶対にさせたくなかったからである。そこで、この東京での行動を「班別行動で行うか、一斉行動で行うか」を生徒たちに決めさせることにした。二年次の状況なら、勝手なことをする生徒が少なからずおり、班行動が出来ないばかりか、旅先でトラブルを起こす可能性が極めて高かったからだ。生徒に決めさせるのは無謀だと思われるかも知れないが、旅行のルールを教師が一方的に決め生徒に守らせるという指導には限界がある。旅行中のルールは生活部が議論して各クラスからの意見を募って反映させながら決定する、また、班別か一斉かも生徒に決めさせることでどちらに決まっても生徒らにも責任を担わせることで、安易な行動を自制できるだろうと見通しを立てたのだ。

総務部は、まず自分たちで「班別行動と一斉行動、それぞれのメリット・デメリット」を考えた。議論して整理したものを旅行通信『Unite～団結～』として発行し始めた。第二号から第六号は、ずっと「班別行動と一斉行動」をめぐる学年の議論がまとめられていく。最終的に『Unite～団結～』は第一六号まで発行された。

総務部は学年生徒らに東京での行動に関するアンケートを取った。「Q１　あなたの希望は、班別か一斉かどちらですか?」に「班別・一斉・どちらでも良い・わからない」四択で答えてもらう。ちなみにそれぞれ、二三六人・五人・十三人・八人という結果となった。「Q２　今の二年生で班別行動をしてうまくいくと思いますか?」には「うまくできる…七一人、どちらかというとできる…七四人、どちらかというとできない…四四人、できない…一二人、わからない…五七人」と答えていた。わからないというのは当時の生徒らの正直な気持ちだろう。選択の結果によっては一斉行動となってしまうかもしれない(それは生徒も教師も望んでいることではないにも関わらず)が、真剣に考えているからこその選択だと受けとめた。選択する際にはそれを選んだ理由も書いているので、旅行通信には生徒らの赤裸々な声が出始めた。

各クラスで取ったアンケート結果や双方を支持する生徒らの声、それを受けての再度の総務部からの訴え（「クラスでの議論が真剣に行われていない」と厳しく批判する気持ちも含め）を整理し通信にまとめてくれた。多くの生徒らが「班別でやりたい」と支持しつつも現状からは「きちんとやりきれるか不安がある」という率直な声を受け、「自分たちが班別行動をしっかりとやりきれる集団となろう」と呼びかけて、ベル着運動に取り組み、さらには掃除サボり追放運動にも取り組み，見事に成功させた。「これならやれる！」という手応えも得た上で、最終的に修学旅行委員会で「東京では班別行動を行う」と決定したのである。同時並行で取り組んでいた送る会の活動も満足のいく学年の出し物が出来、リーダーたちも自信を持ち始めた。

三年生に上がった頃から、荒れすさんでいた学年の空気が一掃された。修学旅行は最高の盛り上がりを見せた。元々やんちゃな面はあるものの、ノリのいい元気な集団でもあったので、旅行業者の方も驚くようなパフォーマンスで三日間が過ぎた。これを契機にこの中学校の生徒会活動や学校行事がいっきに花開き、後輩たちに伝統として引き継がれていったのである。

子どもたちが荒れたり問題を繰り返し起こしたりしている時に、彼ら彼女らに「どうするか、やるのかやらないのかを決めさせる」のは教師としては勇気がいることである。しかし、委ねられたからこそ、自分たちで責任をもってその行動をやり通さなければならないと子どもらは考え責任ある主体者になることができるのだ。

3 子どもと共に学びをつくる

教科書の内容を教え込むことに授業が終始してはいないだろうか。教科書の内容がとても盛りだくさんになり、こなすのが精一杯となっている教師も少なくないだろう。だからこそ、今進めているような授業で良いのかを一度立ち止まって考えて欲しい。授業で子どもたちが関心のあることを掘り下げ、活躍できる場面が増えれば、子どもたちは確実に変わり始める。学校生活の大半は授業なのだから。

「はじめに」の最後のところで触れた管理的指導体制が強かった学校では、授業改革が学級集団の状況を変えるポイントになった。この『授業で子どもが変わる』という経験は、私の指導観を大きく変えるものとなった。それまでは、個人指導や集団指導でこそ、子どもは変わっていくのだと思い込んでいて、学級指導や自治活動の指導などに力点を置き、授業は授業で工夫を重ねはするものの『授業で子どもを変える』という発想はなかった。

大荒れの修学旅行後、教員のパトロール体制が強化されても荒れる生徒らの状況は改善せず、翌年度の最初の職員会議で、行事の大胆な精選が提案された。「授業時間の確保」が大義名分だが、生徒の混乱を少なくしたい為、体育大会と文化祭の縮小や校外学習の精選を行おうとしたのだ。反対したのは私を含め二人だけ。やはり、荒れている中での行事指導は教員らの負担になっていたのだろう。

この年度に入学してきた子どもらも、やはり小学校時から学級崩壊状態を経験していた。ある小学校では三クラス全てが指導の入らない状態だったと引き継ぎで連絡を受けた。実際、蓋を開けてみると、問題を頻発させる子がどの学級にもいた。暴力的な子もいたのだが、困ったのはいじめである。

一学期のある日、昼食後に男子らが教室の後方で気になる様子を見せたので、タイミングをみて被害者になりそうな子に声をかけた。予想通り、金銭が介在するいじめ（主犯の子らは、遊び感覚だっただろう）だった。事情を丁寧に調べていくと、学年全体にも加害者と被害者がいることが分かった。実は小学校時代にやっていた手口（体育の授業で賭けをする。加害者側は運動能力が高いので賭けには負けない）を中学入学以降もやっていたのだ。関係者と保護者、そして教員らで一教室が満杯になるくらいの謝罪会を開いた。

しかし、この件とは別に二学期になって、教室内でいじめ的言動が見受けられた。その都度、何が問題なのかを学級の子らに語った。いじめの構造図を使って「この『傍観者』とよばれる人たちが、いじめを止める鍵を握っているよ！」「ダメな時はダメと言ってあげよう」等と熱弁を振るったこともある。しかし、子どもたちの心に届いているという手応えはなかった。

私に直接「○○さんがこんなことをやってます」「□□くんがお菓子を持ち込んで休み時間に配ってます」等と訴えてくる子が増えた。「それなら、きみが直接その人に、それはいけないよと注意してあげて」と言いかけてハッとした。『そうか……、この子らは何とかしてこの状況を変えたいと思っている。だが、人間関係が育っていないため、互いを注意できる段階に至っていないのか』と。

学校はトラブルを減らしたいが為に、できるだけ生徒同士が交わる機会を減らし行事を精選化した。行事の取組は確かにトラブルが起こる機会にもなるが、トラブルを解決する過程を体験させて彼ら彼女らを成長させていくことも出来るはず。このままでは、子どもたちが他者と協力したりぶつかったりしながら折り合いの力をつけることが出来なくなる……。「子ども同士の交わりと親密さこそがいじめを克服する鍵なのだ」と気付き、私は担当する社会科の授業で、子どもたちが主体となって活動し、意見をぶつけ合いながら協力して探究するような授業を創ってみようと決意した。

ちょうど、地理的分野でアジア州を学んでいた。幸い、これまでより授業時間には少し余裕がある。思い切って、共同学習にチャレンジした。題して『アジア・アフリカの子どもたち』である。中国・カンボディア・フィリピン等の六カ国を調査国として指定し、六つの班が一国ずつ担当して、子どもたちの生活を徹底的に調べ、プレゼンテーションさせるというものだ。各班はプリント二枚とプレゼン用の大型資料を作成し、持ち時間十分で発表することとした。

導入で、フィリピンのスラム街で働く少年たちの映像を見せた。ゴミの山を歩き回って換金できる資源をさがしそれを売って生活費を得ている様子である。画面からメタンガスの臭いが漂ってきそうなくらいインパクトがある。同世代の子らが、そのような暮らしをしているということに子どもたちは少なからずショックを受けていた。さらに、こういった調べ学習で私が過去に担当した生徒たちが教室を飛び出して積極的にリサーチする様子も資料と共に紹介した。駅前でのアンケート、大使館やＮＰＯなどの関係機関への調査活動、政治家や政党などへの質問状とその回答などである。

同時に、子どもたちが調べ学習を進める際の取っ掛かりとなる関係機関の連絡先なども一覧にして配布した。また、私自身が「タイ―少女売春のおそるべき実態」というテーマで探究し、タイの大使館へ私が送った手紙を教室の掲示板に貼ったり、ある程度学習が進んだ時点で、プレゼンをしたりしてみせた。生徒の目指すべきモデルとして紹介したのだ。子どもたちはいきいきと調べ始めた。手当たり次第連絡をとって資料を送ってもらえないかと依頼する、校区に住む中国残留孤児の家族にインタビューを試みる等である。内乱後の復興が始まったばかりのカンボディアは資料がなかなか見つからなかったのだが、子どもたちや学校の状況を質問紙にまとめ送った班には外務省南東アジア課の職員から返事が返ってきた。質問には一つひとつ丁寧な説明がされている。子どもたちは大変喜んでいた。

すべての班がプレゼンテーションをやりきった。まだ中学一年生で、地域的にも低学力の子らの割合が多いところである。だが、割り算が不十分な子も九九が怪しい子も活躍した。いじめられ学校を休みがちになりかけた女子生徒が学習の最後にこんな感想を書いた。

はじめの時は、班の男女がバラバラで作業した。けど、いつの間にか一緒に図書館へ行ったり原稿を考えたりしていた。リハーサルの時も「もう、絶対明日はうまくいかへん」とかおもってたけど原稿をつくってくれたし少し早口だけどいい発表ができたと思う。それにもし社会科でこんなことをしなければたぶん男子とも仲良くなれたかったと思う。少し意見が分かれてけんかになったこともあったけど、もう少し時間があればもっともっと仲良くなれる気がする。

三学期になり班替えを行うこととなった。班替えの方法を巡って、くじ引きを支持する派と自分たちで自由につくる派に分かれた。五〇分以上も議論が続き煮詰まったかと思った矢先、以前にいじめの被害者になったことがある子が発言した。

「僕ははじめHさん（いじめ加害者）とは合わなかった。嫌なタイプだった。でも、そんな風にばかり思っていてもうまくいかないと考えて、ものの見方を変えるよう努力した。そうしたら、それまで気付かなかったHさんのやさしい面もみえてきた。僕と違った面白さを持った人だということがわかった。いつまでも気の合う人とだけで班をつくるんじゃなく、くじ引きのような偶然に組んだ人たちとも、僕のような関係を作り出せるのではないですか」

この言葉で流れが決まった。新しい出会いを生み出しやすいくじ引きでいこうと。

「先生、ボランティアをやろうよ」と声をあげたのは家庭的に不遇な生い立ちをもつCさんだった。

さらに、「僕らに出来ることはないかな、なんか助けてあげたいな」と言い出したのはいじめを繰り返し起こしたＨさんであった。二人の発議を受け、『世界の人びとを救おう』実行委員会がクラスの有志で結成された。国際ボランティアに関する本を読み、出来そうなことを検討した。使用済みのテレホンカードを家族計画国際協力財団に送ると、換金されワクチンなどの購入に使われて貧しい人たちを救えることが分かってきた。「使用済みテレホンカードを集めよう」という実行委員会からの提案はクラスで承認され、さらに生徒協議会へと訴えの場を移し、最終的にポスターを全クラス分作成して各教室へ訴えに行くこととなった。

いじめ問題に揺れたクラスだったが、三学期最後のクラス解散会は子どもたちがすべて企画し運営するというところまで改善でき、二年生へと進級していった。

さて、ここまで「困難な状況をどう打開するか」について、三つの視点とその具体例をあげて説明してきた。最後に読者のみなさんに伝えておきたいことが一つある。それは教育の成果は短時間では出てこないということ、言い換えると、ここにあげたような取組がうまく進んだとしてもその成果は数ケ月後あるいは数年後にしか表れてこないということである。

作家で精神科医でもある帚木蓬生《ははきぎほうせい》さんがネガティブ・ケイパビリティの大切さに着目されている。ネガティブ・ケイパビリティとは「どうにも答えの出ない、どうにも対処しようのない事態に耐える力」のことを指す。「解決すること、答えを早く出すこと、それだけが能力ではない。解決しなくても、訳が分からなくても、持ちこたえていく。消極的に見えても、実際には、この人生態度には大きなパワーが秘められています」と帚木さんは著書で述べられている。「実践の悩みは実践でしか解決できない」のだが、すぐに答えが出ない時もある。その時は「持ちこたえていくうちに、やがて落ち着くところに落ち着き、解決していく」ということもまた真なりである。結果を焦らず、辛い状況や子どもたちとじっくり向き合い、日々誠実に生きること。このことを胸に刻んで、この生きづらい社会を読者と共に生き抜いていきたい。

※帚木蓬生著『ネガティブ・ケイパビリティ　答えの出ない事態に耐える力』朝日選書、二〇一七年

（谷尻　治）

おわりに

本書を読まれた教師の皆さんは、どんな感想をもたれただろうか。第三章で書かれているように、いったん休んで心身の快復を待つか、教師の仕事は無理だと考え他の仕事を探そうと思うか、それとも自分の教師としてのスタンスを変えてもう一度やってみようと思うのか。その判断をする前に知っておいてほしいことがある。それは、教師の仕事というのは子どもを教え導く仕事であると同時に、対人援助職だということである。対人援助職というのは、援助を必要とする人（学校で言えば子ども）を援助するのが仕事である。うまくいくこともあれば、力量不足で十分に援助できず助けられないことも当然出てくる。むしろ、その方が多いかもしれない。教師というのは、そういう仕事なのである。うまくいけば当然喜びとなり、うまくいかなければ自分の力不足を責めたり落ち込んだりもする。だから、対人援助を全うするためには、専門的な知識や技能がなければ成り立たないのが教師という仕事なのである。

私は以前から、教師の仕事は職人の仕事と同じようなものだと思ってきた。職人は専門的な知識と技能を身につけていないと、その職を全うできない。だから職場に入ったばかりの職人は必死になって親方や兄弟子（先輩）の仕事ぶりを見つめて、仕事のやり方やコツを自分のものにしようとするものだ。教師の仕事も同じである。考えてみてほしい。ついこの間大学を出た若い教師が、大学で学んだ知識や教育実習で見聞きしたことだけで、今日の学校現場ですぐに一人前としてやっていけるだろうか。不登校児童生徒の増大、いじめ問題、子ども同士の暴力、小一プロブレム、授業中の立ち歩きやエスケープ、発達障害のある子どもへの指導など問題は山積だ。経験のあるベテラン教師でも指導や支援がうまくいかないことがあり、そのことが理由で精神的に病んだり休職したりすることが増えてきている。一年仕事をやってきて、やっと一年分仕事の知識や技能が積み重なるのである。十年たてば十年分の積み重ね、二十年たてば二十年分の積み重ねができる。だから若い教師とベテラン教師の力量に差があるのは当然なのである。まして担当する子どもはたいてい毎年変わっていくから、「前と同じようにやればいい」は簡単には通用しない。毎年、担当する子どもに合わせて自分を「更新していくこと」が求められるのが教師の仕事なのである。

この本に登場する６人の教師は、京都府内で教育実践をしている。それぞれが教育実践に関わる学習会で学び続け、他の教師の実践報告に耳を傾けて、実践者の悩みに応えようと一生懸命にレポートに出てくる子どもについて分析してきた。時には自分も実践の報告者となり、参加者に実践の悩みを聴いてもらい、自分では見えなかった子どもの訴えや今後の実践の展望などを分析・討議してもらってきた。その地道な学習の経験が6本の実践を生み出す土壌となり、実践者を支えてきているのである。

私も三〇年以上、京都府内の様々な学習会で学ぶことで、先輩教師のやり方を学び、自分を「更新」してきた。もちろん職場での経験も大切で学ぶことも多々あったが、学校の外に出て学習会で学んだことは私の心に刻まれ、教師人生において大きな影響を与え実践の柱となった。それは、「なぜ？」を問うこと、考え続けることだ。すなわち、子どもが何かトラブルや逸脱行動を起こした時、「なぜあの子がその行為行動を起こしたのか」を考えることである。私たちは「子どもの行動には必ずわけがある」と考えており、実際そうである。ケンカ・暴力・いじめ・不登校など様々な行動を子どもは「好きでやっているのではなく、そうせざるを得ない理由があってやっているのだ」と考えて、その理由は何だろうかと冷静に分析するのである。その時には、子どもがどんな家庭環境でどういう育ちをしてきたのかという成育歴や、今の友人関係などを考慮に入れていくのである。発達に関わる特性があればもちろん一緒に考えていく。そうすることで見えてくることがある。

それは、その子どもが否定的に見える行為行動を通して「私たち教師に訴えていること」だ。例えば「家でお母さんにいつも厳しく叱られていて辛い。私はもっと大事にされたい」とか「友だちがいなくて寂しい。私も友だちと楽しく遊びたい」あるいは「家では毎日習い事をやらされて、テストの点が良くないと叱られていつもイライラしてしまう」等々子どもによって様々だ。子どもの起こす行為行動に潜んでいる切実な訴えを知ること、つまり、その子どもが本当に願っていることを知ることを私たちは「出会い直し」と言うことがある。そして、子どもの切実な願いに共感し、願いの実現のためにちからを集中して取り組むのだ。トラブルを起こしてしまう「課題を抱えた子ども」をクラスの和を乱す子などと考えて、抑圧し排除するのではなく、絶対にこの学級から切り捨てないと腹を据えて学級づくりをしていく。そういう風に実践していくのだということを私は教育実践の学習会で学んできた。その学習会に参加する度にそれまでの自分を「更新」して、実践に挑んできたのである。6人の教師たちも、そして表紙に使っている絵を提供してくれた渡邉さんもおそらく同じような思いで実践しているのだと思う。

実践に悩みはつきものである。そういう時は一人で悩まないで職場の同僚に相談してみてほしい。可能であれば様々な学習会の扉をたたいてほしい。そして、対人援助職の実践者として必要な知識や技能を学び合い、教師として「更新」して子どもたちの前に立っていただけたら幸いである。

最後になりましたが、私たちにこのような出版の機会を与えてくださった高文研の飯塚直さんには、企画段階から丁寧に相談にのっていただき、原稿についてもご指導をしていただきました。心より感謝し、厚く御礼申し上げます。

二〇二四年二月

細田俊史

執筆者一覧

◆編著者／はじめに・第２章解説・第３章
谷尻　治（たにじり・おさむ）

◆編著者／第１章解説・おわりに
細田俊史（ほそだ・としふみ）

◆第１章「フィーバー＆パラダイス☆」
永野　茜（京都府・公立小学校）

◆第１章「新しい世界の扉を少しずつひらこう」
秦　和範（京都府・公立小学校）

◆第１章「転校生がやってきた！」
鴨川昇吾（京都府・公立小学校）

◆第２章「七分の通学路」
兼田　幸（京都府・公立中学校）

◆第２章「クラスに引力を」
星野夜鷹（京都府・公立中学校）

◆第２章「ウタ　あなたはどうしたい」
香川良子（京都府・特別支援学校）

◆表紙絵・扉絵
渡邉友紀（愛知県・公立小学校）

◆編著者紹介

谷尻 治（たにじり・おさむ）

1958年生まれ。京都市立中学校教員として勤務の後、2015年より和歌山大学／教職大学院教授、2024年より大阪教育大学大学院特任教授。全国生活指導研究協議会研究全国委員。
主な共著として『自立を育てる生活指導　中学校3年』（労働旬報社、1994年）『共同グループを育てる』（クリエイツかもがわ、2002年）、『教師になる「教科書」』（小学館、2018年）

細田俊史（ほそだ・としふみ）

1961年生まれ。京都市立小学校教員として定年まで勤務し、現在は再任用教諭。全国生活指導研究協議会常任委員。全国各地で講演活動を行い、雑誌「生活指導」に多数執筆。

困っている教師《あなた》へ

●二〇二四年四月一日――――第一刷発行

編著者／谷尻 治・細田俊史

発行所／株式会社 高文研
東京都千代田区神田猿楽町二―一―八
三恵ビル（〒一〇一―〇〇六四）
電話０３―３２９５―３４１５
https://www.koubunken.co.jp

印刷・製本／中央精版印刷株式会社

ISBN978-4-87498-876-3 C0037